经济管理学术文库·经济类

审计师身份特征的经济影响研究

Research on the Economic Impact of Auditor's Identity Characteristics

王 瑜／著

经济管理出版社

图书在版编目（CIP）数据

审计师身份特征的经济影响研究/王瑜著.—北京：经济管理出版社，2023.11
ISBN 978-7-5096-9469-5

Ⅰ.①审…　Ⅱ.①王…　Ⅲ.①审计行为—研究—中国　Ⅳ.①F239.22

中国国家版本馆 CIP 数据核字（2023）第 207712 号

组稿编辑：张巧梅
责任编辑：张巧梅
责任印制：黄章平
责任校对：王淑卿

出版发行：经济管理出版社
　　　　（北京市海淀区北蜂窝 8 号中雅大厦 A 座 11 层　100038）
网　　址：www.E-mp.com.cn
电　　话：（010）51915602
印　　刷：北京晨旭印刷厂
经　　销：新华书店
开　　本：720mm×1000mm/16
印　　张：11.25
字　　数：201 千字
版　　次：2023 年 11 月第 1 版　2023 年 11 月第 1 次印刷
书　　号：ISBN 978-7-5096-9469-5
定　　价：88.00 元

·版权所有　翻印必究·
凡购本社图书，如有印装错误，由本社发行部负责调换。
联系地址：北京市海淀区北蜂窝 8 号中雅大厦 11 层
电话：（010）68022974　邮编：100038

前　言

目前，具有身份特征已然成为审计师的一种新研究维度。注册会计师行业是中国特色社会主义建设事业的重要组成部分，审计师为社会经济活动各类主体提供鉴证和咨询等专业服务，为维护公开、公平、公正的市场秩序提供重要支撑，为促进经济社会高质量发展提供重要保障。审计师自身具有基本的身份特征，包括性别、年龄、在会计师事务所内担任的职务级别等。在专业能力方面，审计师身份特征又表现为受教育程度、专业背景、从业年限等。同时，由于审计工作在社会经济活动中的重要作用和地位，越来越多的审计师获得了各级奖励、荣誉称号和表彰等，并享有了一定的社会话语权和声誉。然而，现有针对其他领域和主体身份特征的资本市场研究结论都保持着以负面为主的基调，但在关于注册会计师行业中审计师的身份特征方面却较少有成体系的研究结论。那么，对于注册会计师行业来说，具有身份特征的审计师究竟会带来怎样的经济影响呢？这正是本书要研究的问题。为了回答这一问题，首先需要知道审计师的身份特征究竟是一种声誉价值还是一种机会主义途径。其次由于审计的本质在于降低信息不对称程度，对于审计师身份特征的经济后果这一问题的分析需要回到审计本质中去探究。具体而言，审计是基于代理问题而产生的，同时，审计作用的发挥程度会反映到股票定价中，而这两类问题正是资本市场中信息不对称的集中体现。因而，本书进一步将审计师身份特征放到IPO定价和代理问题两个场景中进行考察，并回答审计师身份特征将如何影响IPO定价，以及审计师身份特征将如何影响两类代理问题，以期对审计师身份特征的经济后果有更为完整的认识。

从本书的内容结构上来说，本书结合企业经营环境的背景，分析了企业和审计师通过身份特征建立社会身份特征的需求动机，并对会计师事务所历史沿革进行了介绍，回顾了身份特征和审计师声誉方面的文献。同时基于声誉需求理论和机会主义理论，对审计师身份特征的作用机理进行了理论分析，进而对审计师身份特征与审计收费的关系进行了分析，实证检验了审计师身份特征的声誉昭示作用，并在此基础上从审计机制降低信息不对称这一本质出发，分析了审计师身份特征降低 IPO 抑价、缓解代理问题的作用。

本书主要得到了如下结论：

（1）审计师身份特征是一种声誉昭示，而非导致机会主义行为的动机。

审计师身份特征并非一种机会主义行为的彰显，而是社会授予审计师的一种荣誉。具体而言，笔者对手工收集的 2006～2017 年具有证券期货资格事务所身份特征程度的数据进行了实证检验，结果发现，身份特征对于审计师的价值在于能使审计师获得更高的收费溢价。为了进一步对审计师身份特征的作用类型进行区分，从会计信息质量、盈余反应系数和客户违规概率三个方面进行检验，结果表明，审计师身份特征程度越高，被审计客户的应计质量越高，盈余反应系数越高，客户违规概率越低，这表明审计师身份特征是作为一种声誉而存在的，能提高会计信息质量，降低上市公司违规的可能性，且能提高投资者对会计信息的认知。

（2）作为昭示审计师声誉的身份特征，能降低 IPO 发行抑价水平，并且，审计师在个人层面的这种作用要强于在事务所层面的作用。

在 1999～2018 年所有 A 股上市公司首次公开发行数据的基础上，笔者针对签字审计师的身份特征情况进行了整理。通过实证分析发现，审计师身份特征充分发挥了降低信息不对称的功能，能显著影响新股发行的抑价水平。而将审计师身份特征分为了基本类身份特征和荣誉类身份特征两大类后，具有荣誉类身份特征的审计师能显著降低抑价水平，但基本类身份特征并未表现出对抑价的降低作用，这可能是受到投资者认知偏差的影响。并且，发行制度的变化也会影响到抑价程度的高低，因此按照发行制度的变迁过程将样本时间分为了审批制时期（1999～2000 年）、通道制时期（2001～2003 年）、保荐制时期（2004～2008 年）、市场化改革（2009～2018 年）四个阶段，通过分样本期间回归后，发现随着发行制度的逐渐市场化，审计师身份特征更能有效地降低抑价水平，这充分说明了以信息披露为核心的发行改革的确有利于增强信息中介功能，以及促进市场自身发展。不仅如此，由于审计师个人的身份特征不同于事务所整体层面的特征，本书对审计师个人身份特征的作用后果进行了单独分析，在区分了四大和非四大以及国内十大和非国内十大后，发现相对于规模较大的事务所，在规模较小的非四大和非国内十大事务所当中，审计师个人的身份特征对抑价的降低作用更强。同时，还对审计师的身份特征是否为当任为区分标准进行了检验，发现当年获得荣誉奖励的审计师对抑价的降低作用更强。

(3) 具有身份特征的审计师，能缓解第一类代理问题和第二类代理问题。

对双重代理问题的解决需要审计师充分发挥独立第三方的鉴证作用，审计师独立性越高、审计质量越高，对代理问题的缓解作用也就越强。因此，可透过双重代理问题的视角，对审计师身份特征的经济后果进行动态分析。基于此，使用了2006~2012年事务所层面的身份特征程度数据，分别验证了审计师身份特征程度对两类代理问题的作用后果。结果表明，分别在存在这两类代理问题的公司中，管理者有强烈的盈余管理动机对公司盈余进行粉饰。而且，代理问题越严重，可操控性应计的程度也就越大，但具有身份特征的审计师作为外部治理机制能有效缓解这种代理问题的严重程度。且随着审计师身份特征程度的增加，其代理问题的缓解程度也增强。供给决定需求，而需求能反映供给，进一步地，通过考虑公司的事务所选择这种策略行为，从侧面反映出审计师身份特征所能带来的经济后果特性。实证结果表明，在存在第一类代理问题的公司中，由于管理层对审计聘任决策影响较大，出于对自身机会主义行为进行掩饰的动机，越不倾向于聘任具有更高审计质量的身份特征审计师。而在第二类代理问题中，为了避免市场对其掏空行为的惩罚，大股东也会通过聘请独立性更高、质量更高的身份特征的审计师向市场传递良好信号。

与之前的研究相比，本书首次系统地研究了审计师身份特征的价值、作用路径和经济后果，主要的创新点体现在以下几个方面：

第一，首次较全面地考察了审计师身份特征的后果，具体包括基本类身份特征、专业类身份特征、荣誉类身份特征，突破了此前文献局限于审计师性别身份特征的研究局面。

第二，根据对审计师身份特征的作用路径分析，提出了审计师身份特征的声誉昭示和机会主义假说。通过对审计师身份特征的价值类型的辨识研究，使用上市公司数据验证了声誉昭示假说，即具有身份特征的审计师具有更高的审计质量，被审计客户的会计信息质量更高、投资者更加认同经该类审计师审计的会计信息，被审计客户出现违规行为的概率更低，且能降低双重代理问题以及IPO发行抑价水平。这一发现与此前一些文献认为身份特征影响了审计独立性、降低了审计质量不同，从而为理解身份特征的后果提供了新的思路和见解。

第三，此前文献研究审计师声誉的经济后果基本上是从审计师规模、审计师是否出现审计失败等方面展开的。本书研究表明身份特征也可以成为考察审计师声誉的一个视角。

第四，同时研究了事务所层面和审计师个人层面的身份特征。特别是在当前对于审计师个人特征研究较为稀缺的情况下，本书结合IPO抑价问题对签字审计师个人的身份特征作用进行了探究，并发现审计师个人的身份特征是作为一种声誉的表现，对抑价作用的大小相对于事务所规模而言更为显著，这更进一步说明了审计师个人特征研究的重要性。

目 录

1 绪论 ··· 1
　1.1 审计师身份特征研究的宏观背景 ······························· 1
　1.2 审计师身份特征研究的重要性 ·································· 3
　1.3 审计师身份特征的研究设计与框架构建 ······················ 6
　1.4 审计师身份特征的研究思路与主要创新 ····················· 10

2 审计师身份特征的制度背景 ····································· 13
　2.1 审计市场制度安排演进 ·· 13
　2.2 会计师事务所的历史沿革 ··· 20
　2.3 本章小结 ·· 23

3 审计师身份特征的理论基础 ····································· 25
　3.1 审计市场中的信号传递理论 ······································ 25
　3.2 审计市场中的社会资本理论 ······································ 30
　3.3 审计市场中的机会主义理论 ······································ 34

4 审计师身份特征研究的国内外文献回顾 ····················· 39
　4.1 身份特征的经济后果研究回顾 ··································· 39
　4.2 审计机制与身份特征研究回顾 ··································· 43
　4.3 文献评析 ·· 45
　4.4 本章小结 ·· 46

5 审计师身份特征的作用机理分析 …… 47
5.1 审计师身份特征的机会主义路径 …… 47
5.2 审计师身份特征的声誉路径 …… 52

6 审计师身份特征与审计收费的实证研究 …… 55
6.1 问题的提出 …… 55
6.2 声誉昭示假说与机会主义假说 …… 56
6.3 理论分析与研究假设 …… 57
6.4 样本选择与模型设定 …… 60
6.5 实证检验 …… 67
6.6 稳健性检验 …… 79
6.7 本章小结 …… 94

7 审计师身份特征与 IPO 抑价的实证研究 …… 96
7.1 问题的提出 …… 96
7.2 文献回顾与制度背景 …… 98
7.3 理论分析与研究假设 …… 101
7.4 样本选择与模型构建 …… 106
7.5 回归结果与分析 …… 111
7.6 稳健性回归 …… 120
7.7 本章小结 …… 121

8 审计师身份特征与代理问题的实证研究 …… 123
8.1 问题的提出 …… 123
8.2 相关研究回顾 …… 124
8.3 理论分析与研究假设 …… 127
8.4 样本选择与模型设计 …… 130
8.5 实证结果 …… 135
8.6 本章小结 …… 143

9 结论、局限性与研究展望 …… 145
9.1 研究结论 …… 145

9.2 研究启示 ………………………………………………… 147
9.3 研究局限性 ……………………………………………… 148
9.4 研究展望 ………………………………………………… 149

参考文献 …………………………………………………… 150

后　记 ……………………………………………………… 168

1 绪论

1.1 审计师身份特征研究的宏观背景

审计是由独立于委托方和被审计单位的第三方审计师对被审计单位的经济活动进行监督的专业活动。作为一项专业程度高的职业，从事这项职业的专业人员即审计师需要达到严格的要求。审计师必须具备专业胜任能力和独立性，只有具备这些特质的审计师才能对审计对象做出客观公正、实事求是的审计评价，保证财务报表信息使用者能够做出正确的经济决策。而审计人员是否具备相应的业务能力和专业素质，只能通过审计师所具有的身份来表征这些特质。比如，审计师从业时间越长，所处理和面对的审计越多，审计能力也越强。审计师在会计师事务所内部担任合伙人或者所长，可表明其审计经验非常丰富且得到了整个会计师事务所内部的认可。可见，审计师身份特征已然成为判断审计师执业能力的一个重要特征。

然而，在现有文献中，关于身份特征的研究主要从工作经历和任职情况视角出发，该类型的文献通常聚焦于董事或高管的相关任职经历，虽然在经营环境欠佳和相关法律制度不完善的国家中相关经历是具有价值的，且有助于缓解企业的融资约束（白重恩等，2005；余明桂和潘红波，2008；范宏博等，2006；罗党论和甄丽明，2008）、获得多元化战略的支持（李善民和朱滔，2006；张敏和黄继承，2009）、易于进入管制行业（胡旭阳，2006；罗党论和唐清泉，2009）、获得政府补助和税收优惠（陈冬华，2003；法桥等，2006；阿迪卡里等，2006；潘越等，2009），但公司获得政府支持的作用机理是凭借其具有的相关关系和经历的机会主义行为，以规避管制，保护自身利益，并争取更多的资源。机会主义活动是在既得的社会经济利益下纯粹的利益转移，并没有创造新的社会价值，同时还会在机会主义行为过程中消耗社会资源，具有负的外部效应。机会主义思想的鼻祖美国经济学家戈登·塔洛克（1974）认为，机会主义活动是企业为了最大化赚取利润而进行的非生产性活动，会严重阻碍经济的发展。不仅如此，一些学者也发现任职经历也会给企业的经营带来损害，降低公司的价值（吴文峰等，2008；邓新明等，2014），以及损害企业的经营绩效（范宏博等，2007；邓建平和曾勇，2009）。

那么，审计师具有的身份特征会带来怎样的经济后果？是否会对独立性造成负面影响？审计师具有的身份特征如何影响审计行为和审计质量？投资者对审计师的身份特征又是如何认知的呢？这正是本书要探究的问题。但审计师身份特征的经济后果研究与以往关于管理层或股东的公职经历的研究有很大区别，并需要单独进行探析。一方面，审计师不同于董事或高管，其并不属于公司内部的人员，而是独立于管理层和股东的外部第三方，其行为的决策机制不同于公司内部人员。且独立性是审计机制存在的基石，审计监督作用的发挥根植于其独立的位置，审计师的行为决策也会考虑到对自身独立性的影响。所以，审计师在三方关系中所处的位置决定了身份特征对审计师行为的影响有其独特性，不能简单照搬高管或股东的身份特征研究结论。另一方面，身份特征并不完全等同于任职经历。本书限定的身份特征主要包括三种类型：第一类是基本类社会身份特征，即审计师的年龄、审计师的性别、审计师在会计师事务所内担任的职务；第二类是专业类社会身份特征，即审计师的学历层次、审计师本科阶段所学的专业、审计师首次获得注册会计师证书的时间；第三类是荣誉类社会身份特征，即审计师当前或曾经获得的各层级奖励、各级荣誉称号或表彰等。本书试图通过这样的身份特征去衡量审计师具有的专业能力和素质，以及审计师具有的高尚的品格和道德操守。而现有文献从任职经历角度对审计师特征进行刻画，则只能说明其具有的专业能力的高低，并不能表征其在品质和道德层面的特质。因此，从现有文献的基础上来说，有必要聚焦于审计师各方面的身份特征，研究其对审计师行为和经济后果的影响。

从现实情况来看，审计是会计信息质量的捍卫者。会计信息是资本市场参与者获取信息的主要渠道，是投资者决策的重要依据，是缓解信息不对称和不确定性的关键。投资者通过对会计信息的解读进行决策，而这些决策行为会反映到股票价格当中，并最终影响资本市场的资源配置。所以，会计信息质量对资本配置效率有着重要的作用。提高会计信息质量，减轻信息不对称程度，正是审计师的本职所在。研究审计师的身份特征对审计师独立性、审计质量的影响以及理解资本市场运行机制具有重要意义。

同时，由于本书涉及审计师特征领域，审计师的身份特征能否作为审计质量的一个新表征也是本书予以考虑的问题。现有关于审计师特征方面的研究仅仅局限在事务所规模、事务所行业专长、财务重述、非标意见发表等替代变量上，但这些变量用于表征事务所的特质方面还存在各自的缺陷。例如使用最广泛的四大与非四大会计师事务所的哑变量，它仅能静态地衡量事务所的审计质量，在时间变化或者客户变化的情况下就会出现很大的偏差。并且，事务所特征并不能完全代表审计师个人的特征。虽然审计师在执业过程中会受到事务所整体特征的影响，但审计师个体特征在具体职业判断中也起着至关重要的作用。因此，除考虑事务所层面的身份特征以外，更需要考虑审计师个人层面的身份特征。本书将综合事务所层面和审计师个人层面对审计师身份特征进行研究。

1.2 审计师身份特征研究的重要性

世界各国的研究已经表明，管理层或股东的任职经历及与相关利益主体的社会资本是具有价值的（约翰逊和米尔顿，2003；赫瓦贾和米安，2005；恰鲁米林等，2006；法乔，2007；克莱森斯等，2008；博巴克里等，2009；休斯顿等，2011），并且任职经历或社会资本对于会计师事务所自身而言也具有价值（杨志峰，2013）。但现有研究并没有聚焦于审计师的身份特征考察其具有的价值，也未对审计师身份特征的具体类型进行明确的区分。通常来说，身份特征可能通过两种渠道影响审计师的行为。一方面，审计师获得的社会身份是对其独立性和职业能力的社会认同，是社会和行业对其高审计质量的褒奖。对于依赖信誉而生存的审计师而言，他们会珍惜象征自己声誉的社会身份，并在执业过程中客观谨慎，勤勉尽责。因此，在这一假说下，审计师社会身份的价值在于对高审计质量的声誉昭示。另一方面，作为最大转型经济体的中国，在市场化改革深化的同时，衍生为各类机会主义动机（黄少安和赵建，2009）。审计师的身份特征可能成为企业从事机会主义行为的手段。在这一假说下，审计师身份特征的价值在于机会主义行为的手段。而本书在全面考察了审计师身份特征类型的基础上，对审计师身份特征的价值类型进行了辨识,并认为审计师身份特征不是机会主义行为的手段,而是审计师声誉的昭示。进一步地,结合首次公开发行股票市场(IPO)中的抑价问题以及普遍存在的双重代理问题对审计师身份特征的声誉价值进行了检验,以期对审计师身份特征的正面作用提供多角度的证明。具体而言,本书重要的理论意义和现实意义体现在以下几个方面:

第一,声誉对于作为中介机构的审计师自身和作为信息使用者的投资者来说均至关重要。然而现有对于审计师声誉的经验证据较为单一,本书从声誉视角对审计师身份特征的解读将有益于投资者的决策,对审计师自身声誉的树立指明了新的方向。

从投资者角度来说,资本市场中的投资决策依赖于经过鉴证后的财务信息,财务信息质量的高低直接决定着投资判断的准确性和投资决策的收益率,较高的审计质量则是财务会计信息真实性和及时性的保证。然而,投资者无法直接判断审计质量的高低,只能通过对审计师的信任进行选择。高声誉的审计师由于更加诚信、口碑良好,其可信度更高(Credibility)。从审计师自身角度来说,声誉是其安身立命之本。审计师必须取信于社会,树立良好的声誉和形象,才能赢得客户进而生存发展。随着安达信、中天勤、深圳鹏城、中磊等大量国内外会计师事务所因声誉受损而丧失资本市场参与资格,更加表明审计师维护声誉的重要性。然而现有关于审计师声誉的研究依然局限于四大与非四大的划分,并未跳出以事务所规模衡量审计师声誉的固有模式。本书基于审计师身份特征的声誉昭示假说进行分析,研究表明审计师身份特征是审计师声誉的一种表征,这丰富了现有关于声誉内涵的研究,为投资者区分会计信息质量提供了新的判断标准,也激励着审计师通过提高审计质量和独立性获得行业身份和社会认可,建立起自身声誉,以赢得更多的客户。

第二,身份特征作为审计师的一种特征,其研究的重要性在于,它能帮助我们更进一步地了解审计师行为的内在机理,且可以通过区分不同特征的审计师,进而探究客户在审计师选择中的行为动机和偏好。

本书不再局限于以往基于事务所规模、行业专长等事务所层面的审计特征研究,而是关注于审计师身份特征这一新的特征,并且不仅仅考察了事务所层面的身份特征,还同时考察了审计师个人的身份特征。通过对两个层次审计师身份特征的供给需求分析,可以为企业理性选择具有身份特征的审计师提供指导,也有利于投资者通过审计师选择动机更准确地对企业进行定价。具体而言,本书对审计师身份特征的研究表明,审计师身份特征是一种社会认可和专业声誉,代表着更高的独立性和审计质量，对审计师行为具有约束作用，这有助于理解身份特征审计师在审计收费、审计意见和客户选择等行为方式方面上，以及从审计质量的供给角度对具有身份特征审计师的审计质量有初步判断，进而有益于引导客户理性选择审计师。而通过客户对事务所选择的分析，也厘清了客户对不同身份特征的审计师的需求偏好差异，为投资者通过对审计师选择的不同动机分析的认识，以及对公司内在价值进行准确判断。

第三，从行业发展的角度来说，身份特征也是审计师构建差异化竞争优势的新维度。同时，鼓励对具有良好职业素质、职业道德和高独立性的审计师赋予行业身份，将有益于提高行业声誉、树立行业良好形象和标杆，为注册会计师行业的监管者"做大做强"内资事务所寻找到了新途径，具有较强的政策参考意义。

审计市场是高度竞争的市场，审计服务产品的同质化程度较高，替代性较强，如何在竞争中占据优势地位，并实现长久的发展是事务所和审计师个人需要思考的问题。为了吸引客户而牺牲审计质量的"低价揽客"，抑或是为了收取超额费用或延长审计任期的"合谋"，均是以"出卖未来"的方式来获取短期利益和绩效，这样的发展模式注定不利于注册会计师行业的长远发展。身份特征在现有的研究背景下，被认为是机会主义行为的工具和渠道，但本书的研究表明，审计师通过行业身份获得身份特征具有积极的正面效用，代表着更高的职业道德、职业素质和审计质量，是社会对其独立性的认可，是审计师声誉的体现。在竞争环境中，具有身份特征的审计师必定能凭借身份特征及其象征的声誉脱颖而出，吸引更多高质量的客户。行业声誉能使具有身份特征的审计师作为行业标杆，带动整个行业更加注重保持独立性，提高审计质量。这良好地响应了中国注册会计师协会（以下简称中注协）针对我国注册会计师行业提出的"大力创建自主知名品牌"的号召。现阶段，我国的会计师事务所通过几轮合并在规模上已逐步赶超四大，但仍旧"大而不强"，整体质量和信誉都还较弱。从政策层面上来说，通过对注册会计师赋予身份特征，逐渐树立行业品牌，可以作为真正实现"做强"的新路径。

第四，当前，以信息披露为核心的注册制改革持续推进，对中介机构的职能发挥提出了更高的要求。然而，我国审计师法律责任较轻，审计赔偿机制的相关法律法规还不完善，审计师自我约束动机较弱。强化审计师声誉机制的作用将与法律法规形成互补机制，因而本书可从行业监管层面为构建审计师声誉提供新的思路。

注册制改革强调市场自身的资源配置作用，减少行政性干预，这需要市场主体之间具有充分的决策信息，并且信息真实可靠。作为信息中介的审计师，其职责就在于降低市场参与主体间的信息不对称程度，保证信息披露的真实与完整。在注册制改革下，审计师的作用发挥更为关键，需要审计师充分地发挥独立第三方的信息鉴证作用，同时也对资本市场监管提出了更高的要求。如何有效发挥审计师对会计信息披露的鉴证作用，需要审计师自律能力、独立性和审计质量的提高。在投资者保护机制缺失，审计法律责任不明晰、弹性大的现状下，迫切需要审计师加强自身行为约束，本书基于审计师身份特征的研究将为监管者引导审计师构建声誉机制以提高独立性提供了新的思路。

1.3 审计师身份特征的研究设计与框架构建

1.3.1 研究思路

本书紧密围绕身份特征对审计行为和审计作用的影响，主要讨论了以下三个方面的基本问题：①审计师的身份特征究竟是一种声誉价值还是一种机会主义价值？②审计师身份特征如何影响两类代理问题？③审计师身份特征如何影响 IPO 定价？为了弄清这三个基本问题，本书的基本研究思路是：

首先，基于对以上三个问题的综合分析，结合信息不对称理论和不完全契约理论，分析了审计市场存在的信息不对称和审计契约的不完全性问题，进而提出了声誉昭示假说。在该假说下，审计师身份特征昭示着审计师的声誉，代表着社会对其独立性和审计质量的认同。而从经营环境理论和社会资本理论出发，结合我国的经营环境和制度背景以及审计市场和企业经营的双重监督，对审计师身份特征提出了完全相反的机会主义假说。这种假说是指，审计师的身份特征是审计师为自身寻求超额经济利益、为企业谋取机会主义利润的工具。在这两种假说下，对这三个问题的回答也完全不同，本书分别进行了分析。

其次，审计师身份特征价值包括对审计师自身的价值和对投资者、公司的价值，基于此，本书对审计师身份特征进行静态分析。对审计师而言，这种价值表现为这一特征是否可以提高审计业务收入；对投资者而言，这种价值表现为通过辨识审计师这一特征能否提高决策有效性；对公司而言，这种价值表现为能否通过聘请这一特征的审计师降低信息不对称程度。在两种假说下，审计师身份特征价值发挥的路径是不同的，不同的假设对作用路径有着不同的影响。在声誉昭示假说下，审计师身份特征对审计的作用是通过声誉路径发挥的，声誉机制的约束使得审计质量更高。而在机会主义假说下，审计师身份特征对审计的作用则是通过机会主义路径实现的，机会主义行为的存在使得审计质量更低。基于这两种假说，理论上分析不同路径下的审计师身份特征的价值，进而采用实证方法对审计师价值类型进行判定。

再次，根据研究所确定的审计师身份特征对于审计师自身、投资者和公司的价值类型，明确审计师身份特征对审计的影响是基于机会主义路径还是声誉路径。以此为基础，进而对审计师身份特征的动态经济后果展开研究，同时，由于经由两条路径所达到的最终经济后果有所不同，因此可以依据最终经济后果进一步对审计师身份特征的作用路径提供辅助证明。本书认为，对审计师经济后果这一问题的回答应回归到审计产生的根源上去探寻。而从本质上来说，审计产生的原因在于降低信息不对称程度，这既包括对所有者和经营者、大股东和小股东之间的信息不对称，还包括公司与投资者之间的信息不对称。通过两类信息不对称的降低情况可以判断审计师身份特征的经济后果，以下将分别从这两个方面进行考察。

根据代理理论，独立审计的产生是基于解决委托代理问题的需要，而审计机制发挥的后果表现为对代理问题的降低程度。由于现代企业的代理问题不仅是第一类代理问题，还存在着第二类代理问题，因此，分别基于现代企业存在的双重代理问题，结合审计师身份特征的作用路径进行分析，实证检验审计师身份特征对代理问题的影响后果。

更进一步地，公司与投资者之间的信息不对称可以集中表现为IPO市场的抑价，因而将IPO审计市场作为研究场景，讨论IPO审计师身份特征情况和抑价程度之间的相关关系。并且由于在不同发行制度下，审计师的作用有所差异，因此引入发行制度变迁因素进行动态讨论。

最后，根据对审计师身份特征价值、作用路径和经济后果的研究结果，对本书的主要结论进行归纳，并据此提炼出政策启示。接着指出尚存在的研究局限以及未来研究的方向和机会。

本书的研究思路如图1-1所示。

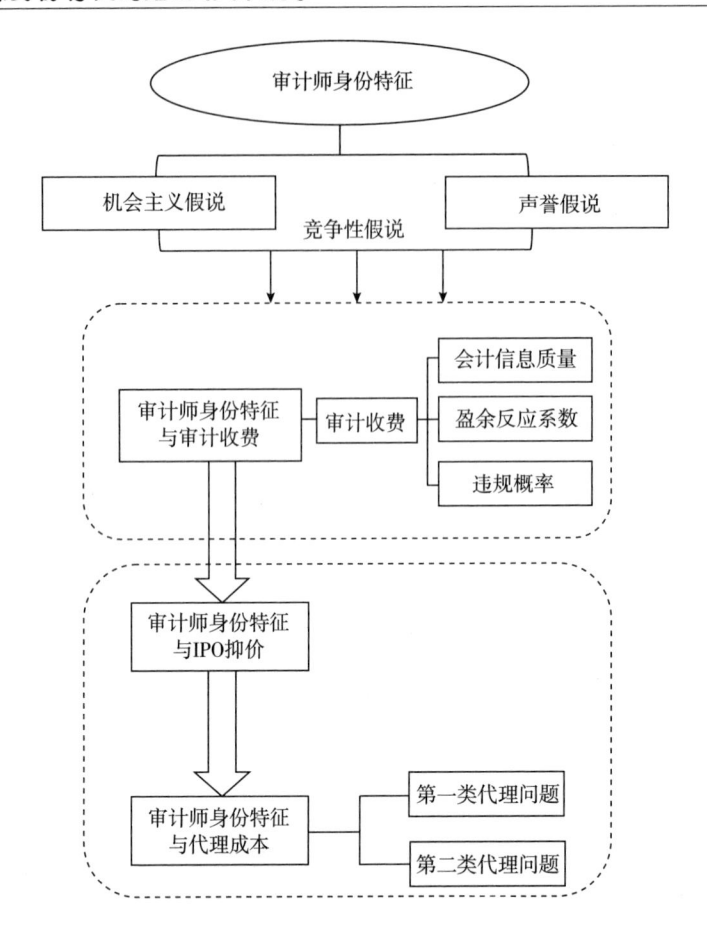

图 1-1 本书的研究思路图

1.3.2 主要研究内容

全书共分为9章。

第1章，绪论。

第2章，审计师身份特征的制度背景。主要介绍审计师身份特征研究的制度背景。包括审计师身份特征产生的历史沿革以及由于制度形成的企业经营环境。首先，对事务所脱钩改制的历史进行分析，进而得出审计师身份特征产生的历史原因。其次，分析现阶段审计师具有身份特征的制度背景。

第3章，审计师身份特征的理论基础。从信号传递理论、社会资本理论和机会主义理论三个方面对本书的理论基础进行了分析。在信号传递理论方面，首先，依据信息不对称理论，探讨了审计市场存在的信息不对称问题。其次，结合契约理论，论述了审计契约的不完全性，进而由这两类问题引出对审计师声誉的需求和作用。进一步地，结合社会资本理论，阐述审计师身份特征在机会主义理论下的社会资本功能发挥。在审计师机会主义理论方面，首先对机会主义的经济含义进行了介绍，进而结合审计师客户关系阐述了审计师的社会资本理论。

第 4 章，审计师身份特征研究的国内外文献回顾。介绍了与本书研究内容紧密相关的两方面文献，主要是公司身份特征的经济后果方面的研究，以及公司身份特征与审计机制结合的研究，并在此基础上对相关文献进行了评析，进而提出了研究问题。

第 5 章，审计师身份特征的作用机理分析。通过分析企业和审计市场的相关政策，进一步说明审计师身份特征对机会主义行为诱导性的影响，进而对审计师机会主义行为的路径进行了分析。另外，结合声誉理论，对审计师身份特征发挥的声誉作用进行了阐述。在对声誉和机会主义两种路径进行分析后，分别构建了两种竞争性假说：审计师声誉假说和机会主义假说。

第 6 章，审计师身份特征与审计收费的实证研究。从理论上分析审计师身份特征对作用客体的影响路径，并依据不同的路径分析审计师身份特征的价值，进而通过实证检验对路径分析和审计师身份特征价值进行验证。具体而言，首先，基于前面对声誉需求理论和机会主义理论的分析，提出了声誉昭示假说和机会主义假说。其次，依据两种假说及审计机制作用对象的不同（即投资者、公司和审计师自身）分别分析审计师身份特征的作用路径。最后，根据不同的作用对象和作用路径，研究审计师身份特征针对不同作用对象的价值，进而提出研究假设。对于审计师自身的价值，以审计收费作为价值体现；对于投资者的价值，以投资者所能感知的审计质量（ERC）和应计质量（|DA|）作为价值体现；对于公司的价值，以公司违规处罚的概率作为价值体现。利用审计师身份特征程度与各类价值指标进行回归分析，结果表明，审计师身份特征是一种审计师声誉价值的体现，代表着更高的审计质量，投资者能感受到更高的应计质量和业绩—盈余敏感性。而对于公司而言，受到处罚的风险更低。审计师因此也能获得更高的收费溢价。从而证实了审计师身份特征的声誉假说，对投资者、公司和审计师具有正向的价值。

第 7 章，审计师身份特征与 IPO 抑价的实证研究。研究审计师身份特征对 IPO 市场当中的抑价问题的作用。由于 IPO 市场的股票抑价程度是信息不对称问题的集中表现，作为降低信息不对称的审计机制必然能在其中发挥作用。而审计机制的作用发挥程度会反映到股票定价当中，通过基于首次公开发行股票场景的研究，可以捕捉到身份特征给审计师所带来的经济后果。因此，本章基于审计师身份特征的声誉作用假说，并结合招股说明书中的签字注册会计师的身份特征信息，实证研究了审计师身份特征所代表的声誉对IPO抑价的影响机理和效果，同时，进一步分析了身份特征作为审计师的一种个人特征对抑价程度的影响。实证结果表明，作为一种声誉的表现，审计师身份特征能有效降低信息不对称进而降低抑价幅度，且在区分了事务所规模后，发现审计师个人的身份特征作用不受事务所规模声誉的影响，在规模较小的事务所中，身份特征对抑价的作用反而更显著。

第8章，审计师身份特征与代理问题的实证研究。以双重代理问题为背景，考察了审计师身份特征对代理问题的经济后果。基于上一章对审计师身份特征的声誉作用的证实，首先遵循声誉路径从理论上分析了审计师身份特征对第一类代理问题和第二类代理问题的作用，并提出了研究假设。接着，对审计师选择问题进行探究，力图从侧面对审计师身份特征的作用后果进行证明。在不同代理问题和公司对审计师身份特征作用的不同预期下，继续分析了公司的审计师选择问题进而提出了相关推测。通过数据进行了实证检验，研究结果表明，审计师的身份特征能带来更好的经济结果，表现为能显著降低两类代理成本。而第一类代理问题越强，管理层对审计师选择的影响力越大，导致出于行为掩饰的动机而更不愿意选择代表着更高质量的具有身份特征的审计师。同时，第二类代理问题越强，大股东可以通过聘请具有身份特征的审计师向投资者传递良好信号。反过来，该结果也说明审计师身份特征代表着更高的审计质量。

第9章，结论、局限性与研究展望。这是本书的最后一章，是对全书内容的总结和提炼。

1.4 审计师身份特征的研究思路与主要创新

1.4.1 研究方法

本书使用了资料分析法对数据进行了手工收集，并综合运用了理论分析方法和实证分析方法。

使用资料分析法，根据已披露的现有信息，对本书所涉及的两部分数据进行整理。由于没有直接可用的审计师身份特征数据，需要采用资料分析法对现有的资料进行分析利用。具体来说，对于事务所层面的身份特征数据，主要依赖中注协披露的会计师事务所合伙人信息、会计师事务所官网披露的合伙人简介以及年报中的董事信息等资料进行整理并分析，从而得到事务所层面的审计师身份特征指标。对于审计师个人层面的身份特征数据，主要依据招股说明书和附录、个人简介以及有关审计师新闻报道等资料进行收集，并通过整理和分析得到系统全面的审计师个人身份特征信息。在资料分析的过程中，同时运用逻辑判断和推理方法。

使用理论分析法，分别从审计师身份特征的声誉需求理论和审计师身份特征的机会主义理论两个方面展开分析，并结合信息不对称理论、契约理论、声誉理论、制度经济学理论、社会资本理论和机会主义理论对审计师身份特征的作用路径提出了两种理论假说，为后文的研究分析奠定了理论基础。同时使用实证分析法根据审计师身份特征的作用对象、作用路径、作用环境的不同，构建了多元回归模型，并使用相关系数分析、回归分析进行了检验，同时采用工具变量法（IV-2SLS）、Heckman 两阶段回归方法尽可能地控制了内生性问题，保证研究结论的稳健性。

1.4.2 研究创新点

与之前的研究相比，本书首次系统地研究了审计师身份特征的价值、作用路径和经济后果，主要的创新点体现在以下几个方面：

第一，较全面地考察了审计师因身份特征产生的后果，具体包括基本类身份特征、专业类身份特征和荣誉类身份特征，突破了此前文献局限于审计师任职经历类身份特征的研究局面（王兵和辛清泉，2009；李敏才和刘峰，2012；杜兴强等，2013；Yang，2013）。

第二，根据对审计师身份特征的作用路径分析，提出了审计师身份特征的声誉昭示和机会主义假说，通过对审计师身份特征的价值类型的辨识研究，并使用上市公司数据验证了声誉昭示假说，即具有身份特征的审计师具有更高的审计质量，被审计客户的会计信息质量更高、投资者更加认同经该类审计师审计的会计信息，被审计客户出现违规行为的概率更低，且能降低双重代理问题和 IPO 发行抑价水平。这一发现与此前一些文献认为身份特征损害了审计独立性、降低了审计质量不同，从而为理解身份特征的后果提供了新的思路和见解。

第三，此前文献研究审计师声誉的经济后果基本上从审计师规模、审计师是否出现审计失败等方面展开（Chaney and Philipich，2002；Weber et al.，2008；Skinner and Srinivasan，2012；DeFond and Zhang，2013）。本书研究表明身份特征也可成为考察审计师声誉的一个视角。

第四，研究了事务所层面和审计师个人层面的身份特征。特别是在当前对于审计师个人特征研究较为稀缺的情况下，本书结合 IPO 抑价问题对签字审计师个人的身份特征作用进行了探究，发现审计师个人的身份特征作为一种声誉的表现，其对抑价作用的大小相对于事务所规模而言更为显著。这更进一步说明了审计师个人特征研究的重要性。

2 审计师身份特征的制度背景

2.1 审计市场制度安排演进

2.1.1 审计市场制度安排的产生

审计市场的制度安排源于相关部门对审计市场引导和秩序维护的需要。在传统的审计关系中，相关部门并不作为审计参与人而存在。但实际上，审计机制作为维护资本市场有效运行的保证，具有一定的公共物品特性，因此制度干预必然存在，而这种干预就表现为审计市场的制度安排。正如美国耶鲁大学桑德所认为的那样，制度干预是基于社会对独立审计具有的公共物品属性做出的反应而产生的。同时他指出，相关部门以一个征税者的身份参与着企业剩余利润的分配，必然会对企业的利润信息进行管控，进而要求企业采用既定的会计制度设计而非主管的会计方法计算盈余。这时，相关部门除设置公共会计准则以外，还需要强制性引入审计机制保证会计准则的执行。但这仅是制度干预的一方面理解，按照制度干预的传统理论来讲，相关部门作为公共管理者的身份决定了其行使公共职能的义务，而维护市场机制的发挥、保护投资者是其履行公共义务的体现，也必然需要依靠构建制度规范对市场进行干预。

虽然我国审计的产生具有自发性，但随着20世纪80年代的地方行政分权，审计机制的存在具有监管选择的特征（刘峰和林斌，2000）。独立审计制度的初衷也在于代替政府对企业进行监督，有着行政性监督的色彩（李连军，2006；张存彦和宋金杰，2007）。而从我国证券市场的产生和形成来说，开始筹建到运营主要由相关部门进行主导,这与欧美国家的资本市场的建立有很大区别。并且,上市的审核权利也由专门的机构管理,企业要获得资本市场参与资格必须经过相关监管机构的审批。从最开始额度制阶段的上市指标控制、市盈率标准到现在的审批制,又或是增发配股的净资产收益率标准、保牌的会计盈余要求,都是由相关机构进行管理和制定的。这就导致了公司的非市场行为,为了迎合相关管制机构的要求,审计不再是自愿性的需求,而是满足上市条件的行为。特别是对于一些没有先天优势的民营企业,更不愿意聘请高质量审计师。这种"柠檬市场"问题的存在使得监管机构更需要加强对审计市场的直接管理,确保审计市场的良性运行。

2.1.2 审计市场制度安排的具体内容

2.1.2.1 资格准入制度变迁

我国事务所的设立和注册会计师资格认定主要由各级地方财政部门负责、财政部主管。早期,为了保证资本市场的信息质量,提高审计师的独立性,我国对注册会计师和会计师事务所的资本市场审计业务参与资格实行许可证管理制度。仅具有证券期货从业资格的注册会计师和会计师事务所才拥有资本市场参与权,而证期资格的认定和颁发由相关行政权力机构执行。1992年,财政部和国家经济体制改革委员会发布《注册会计师执行股份制试点企业有关业务的暂行规定》。2005年修订的《证券法》和《中华人民共和国国务院第412号令》中明确规定,对于从事证券服务业务的会计师事务所需由国务院证券管理机构和财政部进行业务审批[①]。同时,2007年发布的《财政部证监会关于会计师事务所从事证券期货业务有关问题的通知》中对事务所参与证券业务列明了具体的从业要求[②]。然而,随着我国市场化程度的推进,2020年7月21日,财政部和证监会发布了《会计师事务所从事证券服务业务备案管理办法》,规定会计师事务所从事证券服务业务只需进行备案,不再需要审批授权,以推动形成市场化筛选及科学管理格局。

除资本市场的审计业务逐渐转变为备案制以外,一些审计业务的分配权也需要满足一定的标准和要求才能享有参与资格,以筛选出更高质量的审计业务服务

---

① 此外,2001年,财政部与证监会发出通知,要求银行、证券和保险行业上市公司需要同时聘请中资所和外资所进行审计,且外资所执行该业务还需要同时向财政部和证监会报审并获得临时许可证。虽然该办法在2005年4月被废止,但仍然可以看出相关部门对审计市场进入的监督管理。

② 1996年,财政部和证监会就已发布了《会计师事务所、注册会计师从事证券相关业务许可证管理暂行办法》,对从事上市公司审计业务的事务所提出了具体的申请条件和资格要求。

单位。国资委在执行国有资产审计监督时，往往采用任中或离任经济责任审计、清产核资审计以及专项审计等方式，通过审计服务招标聘请具有一定资质的会计师事务所予以开展。对于承接国有重点大型企业的审计业务的事务所则由国务院下属的国有重点大型企业监事会通过政府采购招标确定。会计师事务所要获取这类业务的服务权，必须达到国资委和国有重点大型企业监事会的相关规定。同时，在满足基本条件的基础上，最终中标与否还需要由评标环节公平决定。总的来说，相关部门对审计市场准入进行规定，这不仅有利于保证审计供给的质量，也逐渐向市场化的方向发展，让更多会计师事务所有机会参与到各项审计业务中去。

2.1.2.2 会计师事务所组织形式发展演变

在监管部门的指导下，我国会计师事务所的体制转变经历了"脱钩改制"、多种组织形式并存、特殊普通合伙转制三个重要的转折点。

（1）"脱钩改制"期。在恢复建立会计师事务所的初期，独立审计的主要职能在于为国有经济管理服务，主要采用的是"挂靠"各级财政部门或行业监管单位等形式。在这种事务所组织形式下，审计业务的执行受到很强的行政干预。由于各地财政部门均有自己的下属事务所且可以为部门创收，在地区和部门的利益驱使下，可凭借监管权力直接划定干预事务所的业务活动，影响了独立审计作用的发挥。1998年，为了适应社会主义市场经济改革，党中央和国务院对会计师事务所全面开展了与原挂靠单位脱钩的工作，事务所成为独立承担法律责任的经济主体。

（2）多种组织形式并存期。在组织形式上，我国《注册会计师法》明确规定，会计师事务所采取合伙制和有限责任制两种基本形式。由于有限责任制会计师事务所承担的风险较低，早期我国会计师事务所大都选择该形式，但这种组织形式却忽略了最大限度维护社会公众利益的问题。总体来看，2001年6月30日，我国共有会计师事务所4446家（不含分所），其中有限责任制事务所3855家，占86.7%；合伙制事务所591家，占13.3%。即便到了2010年7月1日，我国共有会计师事务所6892家（不含分所），其中有限责任制事务所4428家，占比仍旧高达64%；而合伙制事务所2464家，仅占36%。而在2009年度的百强会计师事务所中，仅有3家为合伙制事务所，可见我国会计师事务所在组织形式选择上存在较为明显的"比例失衡"现象，这导致由会计师事务所组织形式而引发的关于会计师事务所法律责任问题受到监管部门的重视。2009年10月，国务院办公厅转发了财政部《关于加快发展我国注册会计师行业若干意见》，提出要在大型会计师事务所间大力推进特殊普通合伙制,会计师事务所特殊普通合伙转制的序幕逐渐开启。

(3)特殊普通合伙转制期。2010年,财政部和国家工商总局联合发布了《关于推动大中型会计师事务所采用特殊普通合伙组织形式的暂行规定》,要求大型会计师事务所应于2010年12月31日前转制为特殊普通合伙组织形式,旨在推动大中型会计师事务所的组织形式变革。财政部、证监会于2012年1月联合下发的《关于调整证券资格会计师事务所申请条件的通知》提出,证券期货业务资格会计师事务所(以下简称证券资格所)应于2013年12月31日前完成特殊普通合伙转制。2018年4月3日,财政部和市场监管总局发布《关于推动有限责任会计师事务所转制为合伙制会计师事务所的暂行规定》,进一步加快规范有限责任会计师事务所转制为普通合伙会计师事务所或者特殊普通合伙会计师事务所。这一举措也被称为"内资所转制",它突破了有限责任制的行业发展制度限制,对"做大做强"战略的实施扫清了障碍;也使得事务所更强调"人"的作用,更重视以质量和风险为导向的行为决策。

2.1.2.3 审计相关准则制定

为了对注册会计师的执业行为进行权威性的制度规范,促使审计师充分发挥鉴证和服务作用,我国监管部门制定了注册会计师执业规范体系。主要由独立审计准则、质量控制标准、职业道德准则和后续教育准则四个部分组成。而独立审计准则是注册会计师执业规范体系中最为根本的技术标准和行为准则,且是与国际审计准则衔接的重要体现。它主要囊括了独立审计基本准则,即整个独立审计准则的总纲和依据;独立审计具体准则和实务公告,即执行具体审计业务时的业务操作规则;独立审计职业规范指南,即实施具体准则的指导性意见。我国的独立审计准则的建立最早源于1988年财政部发布的《注册会计师检查验证会计报表规则(试行)》,这一规则的建立为准则的建立奠定了基础。1994年《中华人民共和国注册会计师法》颁布,进一步将审计准则的制定纳入议程,并于2003年制定完成。随着我国市场经济不断发展,以及与国际准则趋同的步伐加快,财政部于2006年2月发布了48项注册会计师审计准则,包括47项注册会计师业务准则和1项会计师事务所质量控制准则。2010年,财政部又修订了其中的37项准则,并新制定了1项准则,于2012年1月1日起实施。同时,中国注册会计师协会与香港会计师公会于2011年9月5日签署联合声明,积极推进并开展了两地审计准则持续等效认同工作。为了进一步解释和说明审计准则,指导注册会计师的执业实践,并提示实务中舞弊风险较高的领域和准则执行不到位的做法，中国注册会计师协会分别于2013年和2015年发布了多项审计准则问题解答。自国际金融危机发生后，提升审计报告信息含量的需求日趋强烈，国际审计与鉴证准则理事会（IAASB）于2015年年初新修订了审计报告准则。2016年1月12日，为了保持与国际审计准则的持续全面趋同，财政部印发了《中国注册会计师审计准则第1504号——在审计报告中沟通关键审计事项》等12项准则，要求上市公众实体分批逐步执行包括在审计报告中沟通关键审计事项、披露与持续经营相关的审计意见等内容要求的全新格式审计报告。2019年2月20日，财政部批准印发了《中国注册会计师审计准则第1101号——注册会计师的总体目标和审计工作的基本要求》等18项审计准则，对之前的部分审计准则条款进行了修订。2021年12月9日，财政部批准印发了《中国注册会计师审计准则第1601号——审计特殊目的财务报表的特殊考虑》等三项准则，并废止了原有的旧版准则对应条款。不断更新、制定并实施新的审计准则条款标志着与国际审计准则的持续全面趋同工作一直朝着纵深发展，也为实现审计行业国际化发展提供了重大技术支持。

除对注册会计师在执业行为上进行规范的执业准则以外，我国从道德层面制定了相应的职业道德准则体系，作为对审计法律法规和专业准则的补充。从1992年9月30日起，我国便开始试行了《中国注册会计师职业道德守则》。1996年12月26日，财政部批准发布了正式的《中国注册会计师职业道德基本准则》。2002年6月25日发布了《中国注册会计师职业道德指导意见》，并于2002年7月1日起实行，继而在2009年颁布了《中国注册会计师职业道德守则》。随着经济社会对注册会计师及其专业服务质量提出更高的要求，中国注册会计师协会发布了修订后的《中国注册会计师职业道德守则（2020）》，并于2021年7月1日起施行。经过多年的修订和完善，逐步形成了我国的职业道德体系，包括职业道德基本原则和职业道德概念框架。

在政府的推动下，我国建立起了完整的审计准则体系和职业道德体系，经过不断完善，顺应了经济发展的需求以及全球化的时代潮流。审计师必须遵循审计准则的要求开展业务，并在职业道德的约束下遵循基本的道德底线，也就是说，审计师的行为是在监管部门设定的框架和路线中进行的。不仅如此，随着注册会计师行业的不断发展，服务范围和内容不断拓展，在深入贯彻党中央和国务院关于严肃财经纪律的决策部署下，财务审计秩序需要得到进一步规范才能更好地发挥注册会计师在维护社会公众利益和提升会计信息质量方面的重要作用，财政部办公厅于2022年12月28日发布了《注册会计师行业诚信建设纲要（征求意见稿）》，对注册会计师行业的诚信问题提出更高的要求。同时，提出从诚信标准建设、诚信教育和诚信文化建设、诚信信息采集和信息监控体系建设、诚信监管和评级评价制度建设、守信激励和失信惩戒机制建设以及组织保障六个方面重点推进注册会计师行业诚信建设。

2.1.2.4 执业质量监管

在审计师执业过程中，政府也采取了一系列监管措施。为了保证资本市场信息质量，财政部和证监会对具有证券期货资格的会计师事务所和注册会计师实行定期年检制度，具体年检工作由注册会计师协会执行，未达到年龄、业务收入、净资产等相关规定，以及存在职业道德问题或者具有严重职业问题并受到行政处罚的注册会计师或者会计师事务所都将不予通过年检。年检不合格的审计师将被监管部门撤销或暂停执业资格，失去资本市场参与权。不仅如此，证监会每年都会对部分证券和期货资格事务所进行全面检查，并对审计项目进行专项检查。对存在质量控制问题、执业质量问题以及违规操作问题的事务所或注册会计师实施罚款、出具警示函、监管谈话、暂停执业以及禁止市场进入等强制性监管措施，并通过建立诚信档案，对审计师的违法违规行为进行披露[①]。

实施签字注册会计师的强制轮换制度是对审计质量的进一步监管。在汲取了美国安然事件和萨班斯法案的经验后，2003年10月，财政部和证监会共同制定了《关于证券期货审计业务签字注册会计师定期轮换的规定》，规定审计项目负责人或签字注册会计师对同一客户连续服务时间不能超过5年。该规定的发布是对与客户有私人关系的审计师既得利益的触及，也是对解决审计师因与客户存在长期业务关系而独立性受到损害问题的思考。2010年2月，财政部制定印发了《金融企业选聘会计师事务所招标管理办法（试行）》，其中规定金融企业连续聘用同一会计师事务所原则上不得超过5年。2020年12月，中国注册会计师协会修订《中国注册会计师职业道德守则第4号——审计和审阅业务对独立性的要求》，"如果审计客户属于公众利益实体，会计师事务所任何人员担任项目合伙人、项目质量复核人员、其他属于关键审计合伙人的职务的累计时间不得超过5年。任期结束后，该人员应当遵守有关冷却期的规定"。

同时，监管部门还享有对审计师违法行为的处罚权。在事务所实行挂靠制时期，对审计师的处罚措施主要是以警告和批评等软约束为主。近年来，财政部、

---

① 财政部、证监会于2001年9月印发的《注册会计师、会计师事务所证券、期货相关业务许可证年检办法》；于2007年4月颁布并于2012年1月修订的《财政部、证监会关于会计师事务所从事证券期货相关业务有关问题的通知》。

证监会和注册会计师协会加大了对审计师的行政处罚力度。对违反注册会计师法律法规、执业准则的行为，采取警告、没收违法所得、罚款、取缔业务许可证、取消执业资格证书等措施。审计师一旦被取消业务资格或执业证书，就丧失了进入资本市场的权利以及获得经济利益的机会，这是对审计师行为的有力管制。但在当前执法力度不强、法律规范不健全的情况下，亦有可能为审计师的机会主义行为提供机会。

2.1.3 审计市场制度安排的影响

政府对审计市场的监管的确为规范审计师行为、维持审计市场正常运营持续、保证最低审计服务质量起到了至关重要的作用。但部门监管偶尔也会出现监管不到位、作用不精准的情况，即使部门监管的本意和出发点是好的，但监管空白地带或执行不到位的情形依旧会使得企业为了追逐垄断或特权而产生机会主义行为。面对企业的机会主义动机，作为理性经济人的参与各方会将自身利益转化为机会主义行为，进而获取超额收益。

2.1.3.1 监管措施的影响

从本质上来说，我国审计市场中的业务需求符合监管需求，基于相关部门的监管规定而产生，非完全由企业自发产生①。同时监管部门还对审计师的市场进入设置了门槛，业务资格的认定、参与条件的设定以及参与规则的制定均已纳入相关管理范围。一方面，资本市场审计业务实行许可证制度进行准入管制，的确有利于保证审计服务的质量供给，但同时也随之产生了事务所机会主义的动机。另一方面，审计师所遵守的执业准则和行为规范都是由相关部门设定的，其提供审计服务必须在监管规定的框架内，并定期接受监管部门的检查，如果出现违规的情况，也会采取相应的行政监管措施。诸如监管部门采取的罚款、没收违法所得、披露违法行为、吊销审计师的执业资格和市场参与权等处罚措施会使审计师失去通过资本市场审计服务获得经济利益的机会，这就引发了审计师机会主义动机。

2.1.3.2 审计市场分割的影响

在会计师事务所实行"挂靠"制度时，事务所作为挂靠部门创收的渠道，业务承接可以受到相关部门的支持。同时，在地方分权和 GDP 竞争的背景下，

---

① 虽然也有很大一部分自愿需求动机，例如一些学者研究了自愿性审计的需求问题，但强制审计仍然是管理监管的重要手段，且目前的强制性审计已经替代了独立审计产生最初的自愿性审计需求并占据了主导地位（刘斌等，2008；吴水澎和牟韶红，2009）。

当地企业的股东为了实现包装上市必然会聘请本地会计师事务所协助其通过上市拉动地方经济，这就导致了审计市场的分割。而对于事务所来说，也可以利用身份特征的掩饰而从事机会主义行为，使自身的违法行为免于受到行政处罚。即使在事务所"脱钩改制"后，这种地方分割的特征依旧明显。且现阶段企业审计和部门审计外包服务仍然是会计师事务所收入的重要组成部分，同时承接该类业务也具有广告效应，会计师事务所都热衷于获得业务承接权，而这类业务的审计聘任仍旧需要会计师事务所在当地有较好的声誉和社会资本。

2.2 会计师事务所的历史沿革

2.2.1 会计师事务所发展历程

1949 年之前，中国曾出现过注册会计师。1949 年中华人民共和国成立之后，由于我国推行国有国营的计划经济体制，国家成为社会财产的所有者和管理者，当然，社会监督制度也应由国家全力承担，这样注册会计师相应地逐步退出中国的经济生活。1978 年党的十一届三中全会后，外资进入中国，与中国的企业进行合资经营，对会计服务提出了有别于传统国有国营计划经济环境下的要求。1980 年 12 月 23 日，财政部颁发了《关于成立会计顾问处的暂行规定》，正式允许在中国恢复注册会计师制度，成立会计师事务所，接受委托对中外合资企业提供各类会计服务。1980 年 9 月 1 日，甘肃会计师事务所成立；1981 年 1 月 1 日，上海会计师事务所成立。1988 年 6 月国务院发布的《企业法人登记管理条例》规定，企业向工商部门提出公司设立登记的申请前，必须要取得主管部门或审批机关的批准。这条政策在企业法人登记实践中逐步演变为一个约定俗成的程序，会计师事务所和审计事务所的挂靠制度也由此而来。挂靠的单位主要是各级财政部门，其性质主要是由相关部门划拨款项并承担费用开支的非营利事业单位。财政部颁发的《关于成立会计顾问处的暂行规定》也明确表明，会计师事务所由财政统一领导，属于独立核算、依法纳税的事业单位。之后，由于成立会计师事务所能为部门创收，增加预算外资金来源，同时也可以作为分流人员的渠道，解决人员安置问题，审计、金融、高校等部门也设立了相应的会计师事务所或审计咨询机构。例如，厦门大学于 1990 年 12 月成立了厦门大学会计师事务所。

但自1992年起，围绕注册会计师的执业先后发生过多起市场危机，如深圳原野、长城机电、海南中水国际等。1993年10月，《注册会计师法》经全国人大常委会讨论通过，于1994年1月1日起施行。《注册会计师法》要求会计师事务所必须是合伙制或有限责任制，且要求所有事务所都应独立执业。为配合该法律的执行，财政部于1993年12月发布《有限责任会计师事务所设立及审批暂行办法》，对已设立的事务所发出限期脱钩和清理整顿的规定，但最终不了了之。同年，中共中央颁发了《关于党政机关与所办经济实体脱钩的规定》，表述了取消"挂靠"制度的要求。在国务院的推动下，以深圳为试点进行事务所脱钩改制，进而铺开到全国范围。至1999年底，我国完成了所有事务所的脱钩改制工作。

2.2.2 会计师事务所转制演进

2.2.2.1 内资会计师事务所转制

出于对诉讼风险等不利因素的规避，我国早期大部分会计师事务所一直采用有限责任制的组织形式。然后，由于有限责任制下的事务所审计师以其所认购股份对事务所承担有限责任，降低了风险责任对职业行为的高度约束，弱化了注册会计师的个人责任，对注册会计师的不谨慎执业行为缺乏威慑力。根据财政会计行业管理信息系统的统计数据，截至2010年7月1日，我国共有会计师事务所6892家（不含分所），其中有限责任制会计师事务所4428家，占64%；合伙制会计师事务所2464家，占36%。尤需指出的是，在2009年度百强会计师事务所中，仅有3家为合伙制会计师事务所。可见我国会计师事务所在组织形式选择上存在较为明显的"比例失衡"现象，亟须通过事务所转制的方式增强会计师事务所的风险意识，提高抵御风险的能力。为此，2010年，财政部和国家工商行政管理总局联合发布了《关于推动大中型会计师事务所采用特殊普通合伙组织形式的暂行规定》，要求大型会计师事务所应于2010年12月31日前转制为特殊普通合伙组织形式，以促进我国会计师事务所做大做强。2018年4月3日，为做好《会计师事务所执业许可和监督管理办法》（财政部令第89号）的贯彻实施，推动会计师事务所采用合伙组织形式，进一步优化内部治理，提升执业水平，财政部、国家市场监督管理总局制定了《关于推动有限责任会计师事务所转制为合伙制会计师事务所的暂行规定》（财会〔2018〕5号），促进有限责任会计师事务所转制为合伙制会计师事务所。

2.2.2.2 四大会计师事务所本土化转制

改革开放后，自1992年起我国开始批准外国会计师事务所与中国会计师事务所根据《中外合作经营企业法》设立中外合作会计师事务所,当时的国际六大（即安永、德勤、毕马威、普华、永道和安达信）成为第一批准入者,合作期限为20年,且均采取有限公司形式。伴随着合作期限到期①,财政部于2012年5月10日发布《中外合作会计师事务所本土化转制方案》（以下简称《转制方案》）,要求四大中外合作会计师事务所（普华永道中天、德勤华永、毕马威华振、安永华明,以下简称四大）转为特殊普通合伙制。其中,最硬性的是要求四大的境外合伙人占事务所合伙人总数比例不超过40%,到2017年不超过20%,首席合伙人须具有中国国籍。截至2012年底前四大完成了本土化转制,其在中国的"特殊待遇"随之结束。

2.2.3 注册会计师行业党建工作

2009年10月14日,中共中央组织部和中共财政部党组发布了《关于进一步加强注册会计师行业党的建设工作的通知》,提出进一步加强和改进注册会计师行业党的建设工作,这对于保证注册会计师行业健康发展、维护社会主义市场经济秩序、促进经济社会又好又快发展具有重要意义。明确对有3名以上正式党员的会计师事务所都应当单独建立党组织,并在省级以上注册会计师协会设立党委,地市级注册会计师协会或注册会计师管理中心一般设立党委或党总支。自该通知发布后,由财政部党组批准,中国注册会计师行业协会党委成立,党组书记实行任命制,行业党委的办事机构设在协会,分设行业党建工作部、统战群工部。经过几年的党建落实工作,注册会计师行业创建了"条块结合、充分发挥行业党组织作用"的党建工作管理体制,党组织和工作也实现了"双覆盖",党组织隶属关系和党员自身的组织关系均得到了"双理顺",连续多年开展了围绕党组织最新思想的集中性学习教育的主题年活动,将业务和党建结合起来并相互促进。2015年,中共中央办公厅印发了《关于加强社会组织党的建设工作的意见（试行）》,财政部党组也以此为依据于2016年5月30日向行业内各个组织机构印发了《关于进一步深化注册会计师行业党的建设工作的指导意见》,旨在部署落实中央文件精神,在新的起点上进一步贯彻注册会计师行业党组织建设工作。注册会计师行业坚持以党建促诚信,推动诚信建设有新举措。在注册会计师行业内部各级党组织的领导下,切实加强了行业内部人员的思想教育工作,促使越来越多的注册会计师更加注重诚信建设,以党员的高标准时刻要求自己,铭记要充分发挥党员的先锋模范作用,进而促进注册会计师行业的健康发展,维护资本市

---

① 普华永道会计师事务所的合作期限是25年,其余3家事务所则是20年。

场的安全稳定。在新发展阶段，注册会计师行业不断提高行业党建工作质量，围绕在服务经济社会高质量发展中实现行业高质量发展的目标任务，能够为打造经济社会新发展格局贡献专业力量。

2.2.4 审计师评优及表彰制度

我国对优秀的注册会计师表彰体系日益完善，逐步形成了多渠道、多层级的表彰制度。在表彰口径上，既有中共中央、国务院授予的荣誉，也有财政部、中国注册会计师协会颁发的奖励。在表彰层级上，既有国家级的荣誉奖励，也有地方各级部门和地方各级注册会计师协会的认证表彰。为了树立当代会计工作者楷模，塑造会计行业良好形象，激励会计工作者崇尚诚信、勤奋敬业、开拓创新、多创佳绩，奖励和表彰其在社会主义建设事业中作出的重大贡献，相关部门会针对注册会计师行业内的先进集体和模范代表，对获奖者颁发奖金、奖牌和证书。为持续加强注册会计师行业诚信建设，传播诚信文化，营造褒扬诚信、守信光荣的社会氛围，每年均开展诚信执业方面的荣誉证书评选工作。评选工作是推动行业诚信建设的一项重要举措，相关部门均对此高度重视，与宣传贯彻落实财政部《注册会计师行业诚信建设纲要》（财会〔2023〕5号）结合，有助于大力弘扬行业诚信文化，在全行业广泛形成守信光荣、失信可耻的浓厚氛围，使守信者受益、失信者受限，使诚实守信成为全行业的自觉行为规范，全面助力社会信用体系建设。这些评优奖励每年均会定期举行评选工作，秉持公开、公平、公正原则和自下而上、逐级推荐的评选方式，经过初审和复审两次审核及单位、省级和全国范围三次公示，最终评选出在财会工作中有锐意创新、不断拓宽审计思路、诚实信用、独立性强的注册会计师。

2.3 本章小结

本章主要从审计市场制度安排的演进以及会计师事务所的历史沿革两个方面介绍了审计市场的制度背景。审计机制具有公共物品的性质，受到制度机制和历史沿革的影响。审计市场是在一系列制度安排下运行的，审计师也受到制度的约束，审计师需要通过身份特征将自己的能力和可信度彰显出来，以便获取更多和更高质量的客户。因而，审计师身份特征也与制度机制和历史沿革密不可分。具体来说，制度机制通过对审计市场的资格准入、事务所组织形式、审计准则、质量监管等方式进行干预和管制，从而直接影响审计师身份特征的获取意愿、获取身份特征的类型等。从市场监管来说，制度安排的确可以保证审计服务供给的质量，但同时也带来了审计师的机会主义动机。从审计市场分割来说，在地方壁垒和GDP竞争的背景下，本地上市公司必然会聘请公司所在区域的事务所，即具有本地所偏好。在这样的背景下，客户需要通过审计师的身份特征来区别不同质量的审计师，审计师也需要通过身份特征来将自己的专业性和独立性凸显出来，以维持或获取更多的客户。审计师具有各种各样的身份特征，审计师的身份特征究竟会产生怎样的经济后果，在余下的章节中将致力于结合理论和实证进行分析和证明。

3 审计师身份特征的理论基础

3.1 审计市场中的信号传递理论

3.1.1 审计市场的信息不对称性

3.1.1.1 信息不对称的一般理论

古典经济学和新古典经济学理论均是以完全竞争市场为前提，且假设交易双方都拥有完全的信息。但现实中，市场买卖双方所拥有的信息却存在不对称性。基于此，Akerlof（1970）以二手车市场案例证明了信息不对称的普遍性及其对市场交易的影响，认为由于信息不对称的存在，交易中卖方掌握着关于汽车质量优劣的信息，而买方无法获取相关信息，仅能以劣质车的价格出价以最优化决策，但卖方为保证盈利，会保留优质车而将劣质车卖给买方，导致了优质车逐渐退出市场，这就是经典的"柠檬市场"理论。

另外，出于理性的利己动机，信息不对称又会引发参与人的机会主义行为。机会主义是指由于存在信息不对称，行为人预期到信息无法验证或者即使能够验证也需要花费很大的成本，将会不完全如实地披露其掌握的信息，采用虚假、误导的信息获取个人利益的行为。这具体表现为"逆向选择"和"道德风险"问题。"逆向选择"是指信息优势方为了获取额外收益，会隐瞒相关信息，导致市场资源无法有效配置的行为。而"道德风险"是指信息优势方在对方无法了解真实情况的条件下，通过减少自身投入，追求自身效用最大化的行为。而解决这一问题的关键就在于引入独立的第三方对信息进行鉴证，以及树立交易双方之间的信任。以二手车市场为例，如果这时引入第三方鉴证机制，卖方会将优质车进行鉴定，而不会将劣质车进行鉴定，这就使得买方更容易通过鉴证与否对汽车质量进行判断。同时，交易双方存在相互信任后，买方会出更高的价格，而卖方也更愿意卖好车。此时，信息不对称问题得到了很好的解决。

3.1.1.2 审计市场信息不对称与信号传递需求

审计的产生源于资本市场的信息不对称问题，是为了满足解决委托代理问题的需要。然而，审计市场本身也存在信息不对称问题。审计市场与一般产品市场不同，其提供的服务是一种无形商品，且这种商品的优劣程度具有不可观测性。正是由于审计质量的不可观测，市场参与人无法通过审计质量来获知关于审计师优劣的信息，造成了审计市场的信息不对称。拥有自身质量信息的审计师，可能采取机会主义行为应对审计质量无法被市场观测而导致的一系列问题。具体来说，一方面，客户在无法判别审计质量的情况下只能按照市场平均价格支付审计费用，而高质量的审计师所付出的审计成本远远大于所获得的审计费用收入，则会主动降低审计质量或是直接退出审计市场，整个审计市场会逐渐退化为只存在低审计质量的审计师。另一方面，审计师可能会通过减少应有的职业关注及谨慎、减少实质性测试和审计程序等方式"偷懒"，以降低付出的审计成本，获取更高的私人收益。对整个资本市场来说，由于审计市场信息不对称导致的审计师机会主义行为是一种福利损失。这时需要建立审计师与客户之间的信任机制，才能规避这类机会主义行为。而声誉是信任的基础，同时声誉也具有信号发送功能，它能使市场识别到高质量的信号，进而降低信息不对称程度。

3.1.2 审计契约的不完全性

3.1.2.1 契约的不完全性

契约或者合同是对缔结双方的经济关系的保护，是现代经济发展的基础。契约概念的产生最早可以追溯到埃奇沃思盒中的"契约曲线"。在基于当事人之间信息对称的条件下引入不确定性，又产生了一般均衡下的帕累托长期契约。这两种契约曲线均是在新古典的完美市场假设下产生的完全契约模型。但现实情况中，由于有限理性和交易费用的存在，导致了契约具有不完全性（Williamson，1985；Grossman and Hart，1986）。基于此，Alchian 和 Demsetz（1972），Holmstrom（1979）以及 Grossman 和 Hart（1983）等提出了"契约理论"对完美市场之外的契约进行分析。因此，现代契约理论包括完全契约理论和不完全契约理论。完全契约理论是指，订立契约之前，可以对所有状况和不确定性进行合理预期,并将各种情况下当事人的权责义务都在事前进行约定,因而保证契约实施的关键在于事后的监督。不完全契约理论是指,由于缺乏充分的状态依赖,无法对各种或然状态对应的权责义务进行规定,仅能依靠自然状态实现后的再谈判来协商,因而保证契约实施的关键在于事前的制度安排。但在现实的经济环境下,完全契约只能存在于理论当中。由于信息不对称、参与方的有限理性以及法律法规缺失,使得在审计合约中存在不完全契约的问题。不完全契约理论是在完全契约理论的基础上,结合现实情况而进行的升华。正如 Coase(1973)所述,"由于现实情况的不可预测性,契约订立期限越长,在契约中明确规定对方的义务的可能性就越小"。这是由于,完全契约的实现需要承担三类成本(Tirole,1999),因而导致了不完全契约的产生。具体来说,这三类成本包括预见成本、缔约成本和证实成本,分别是指对或然事项的不可预见所带来的成本、排除争议并将或然事项写入契约的成本、契约信息对除当事人之外的不可证实性所带来的成本。根据代理理论的基本逻辑,证实由于契约存在不完全性,致使将资产专用性写入契约不可行,投资方会面临着被另一方"敲竹杠"的风险。在自然状态实现的情况下,投资者的可占用性准成本就将被对方占用。出于对这一结果的理性预期,投资者必然减少投资额度,最终导致投资不足。因此,如何设计相关制度和机制以促进不完全契约的履行,是契约理论的重要命题。

3.1.2.2 审计契约不完全性与信号传递需求

委托人与审计师之间的审计关系约定即是一种契约,是就审计服务达成的合同或协议。出于对经营者的监督,以及经营者自身为了解除对股东的受托经济责任的需求,公司需要聘请独立的第三方对经营成果和过程进行鉴证,审计契约由此产生。由于不完全契约具有普遍性,审计契约也存在一定的不完全性。在这种不完全契约下,由于审计师的专用性投资的存在,使得上市公司管理层有动机对审计师"敲竹杠",并进而导致审计师与管理层的合谋行为,或者导致审计师减少专用性投资,最终导致审计质量下降(赵纯祥,2008)。

具体来说,审计契约的不完全表现在以下三个方面:首先,审计质量具有不可观察性。原因在于,审计对象之间存在差异,不同审计对象的这种差异无法定量化,同时,审计师在能力和专长方面也有所差异,不能单纯地将审计时间耗费、人员投入等数量指标作为质量判断的依据,因而审计质量难以用确切的标准进行衡量。正是由于审计质量的不可观测,导致契约双方无法将审计质量具体地在审计契约中进行详尽规定。其次,审计契约的委托人具有分散性。区别一般的契约,审计契约具有特殊性,存在正式契约与非正式契约两方面(刘国常等,

2007）。公司的全体股东是审计服务的购买者，然而，股东是一个较为分散的群体（如中小股东等），他们无法以特定参与人身份签订审计合约。作为非人格化的利益主体，他们与审计师之间的契约只能通过大股东或管理者来间接实现，因此这种关系是一种非正式契约。在非正式契约下，中小股东处于弱势，权力难以得到实现。正式契约中，大股东对审计师的聘任权也交由管理层实施，最终导致管理层的机会主义行为，审计师的独立性就更加难以保证。最后，审计责任的难以界定性。审计活动是一个高度专业的活动，服务流程涉及专业判断，审计师仅能以会计准则和审计准则为依据进行执业。在发生审计失败时，对于审计师责任界定则难以判断和验证。审计契约的这种不完全性使得需要一种信号传递机制来解决审计质量的不可观测性、契约约束力欠缺的特点。信号机制不仅能向外界传递审计师的独立性和审计质量高低的信息，使契约双方能更平等地履行契约，同时，信号机制的存在也能约束参与双方的行为，审计师更加勤勉尽责，有利于契约义务的实现。

3.1.3　审计师声誉的信号传递功能

由于存在上述信息不对称导致的代理问题和审计契约的不完全性，使得需要相关的制度机制促进审计机制的充分有效的发挥，以降低委托—代理关系中的道德风险，并促使审计契约的有效履行。在当前的市场条件下，大多数契约需要依赖于习惯、诚信和声誉进行履行，法律手段则成为不得已的选择（潘琰和辛清泉，2003）。声誉机制作为一种非强制性履约机制，具有信号发送功能，且能约束审计师行为，并与法律制度形成有效的互补，维护市场机制的有效运行。

3.1.3.1　声誉理论的产生

经济学中的声誉理论是由经济学家 Kreps 等提出，主要基于解决"连锁店悖论"的问题，并对有限重复博弈中合作行为出现的可能性提供解释。"连锁店悖论"认为在完全信息条件下的有限次重复博弈由于参与双方都缺乏建立声誉的积极性，因此不会产生合作意愿。而 Kreps 等（1982）却指出，在多阶段的博弈中，参与人具有提前获得对方声誉信息的需求。通过将不完全信息引入有限次重复博弈以激发合作行为的理论正是最早期的声誉模型。Milgrom 和 Roberts（1982）以及 Kreps 和 Wilson（1982）发表的两篇文章也探讨了相同的问题，并最终形成了完美公共监督模型——标准声誉模型。标准的声誉博弈模型认为"声誉能够增加承诺的力度"，这正是该模型的理论核心。随后，Fudenbrg 和 Levine（1992）引入参与人只能观察到噪声信息的条件，将原始模型扩展为不完美公共监督模型，而 Mailath 和 Samuelson（1998）建立了不完美私人监督模型，解决了声誉建立过程的问题。

3.1.3.2 声誉理论的微观作用

产业组织学的相关文献中，将经济主体的声誉作为一种资产（Macaulay，1963；Klein and Leffler，1981），并认为声誉在企业与顾客间的重复交易中具有重要性。如果企业未能履行合约义务，企业将会丧失掉一些顾客，此时声誉的价值就等于未来交易机会的损失加上现阶段违背合约的短期利益。与之相似，Tadelis（1998）也认为，声誉是企业的一种无形资产，基于企业名称的交易就如同企业声誉的交易。他使用了纯逆向选择模型研究了附着在企业名称中的声誉的信息传递效应，发现由于声誉的可交易性，企业可以通过声誉获得利益。在区分了声誉的性质后，Tadelis 提出了声誉维持效应和声誉建立效应。前者是指经营状况较好的企业相比经营较差的企业，更倾向于维持好的声誉，拥有良好声誉的企业可以通过维持好的声誉在长期交易中获得更多的声誉溢价，这激励了他们为维持声誉而投入更多的成本。后者是指面对声誉带来的溢价，高质量企业更愿意建立自己的声誉。研究者还从声誉的信息显示机制方面研究声誉对市场运作效率的提高效益。发现声誉信息可以形成声誉信息流和声誉信息系统，在各个利益相关者之间传播和流动，进而降低信息搜索成本，降低逆向选择出现的可能性（Milgrom et al.，1990；Pyle，2002）。不仅如此，声誉还能给企业带来竞争优势，吸引优秀雇员（Fombrun and Vanreil，1997），增加消费者的信任（Brown，1998）。

3.1.3.3 审计师声誉理论

从市场规范的角度讲，由于审计契约具有不完全性，以及审计市场存在着信息不对称，导致审计师拥有"逆向选择"和"道德风险"的动机，因此，需要声誉机制来激励和约束审计师的行为，以实现审计契约自我履行，维护市场有效运转。同时，法律机制和制度管制等方式对审计市场的强制作用往往在实践效果上不理想，审计师声誉机制的构建则能调动审计师自身的积极性，充分发挥审计机制的本质作用，并与法律机制和制度管制的作用形成互补。而从审计师自身角度来说，在审计质量无法观测的情况下，为了满足公司降低融资成本而对高质量审计的强烈需求，审计师可以通过声誉机制来传递专业胜任能力和高独立性的信号，继而作为审计定价的依据，获得更多的声誉溢价。

在理性的审计市场中，声誉是审计师的标识变量，是高质量审计的代名词。审计市场是重复交易的市场，前期交易的结果会直接影响后期的收益，而审计师声誉则是由多次交易长期累积形成的。拥有良好声誉的审计师可通过"声誉租借"提高被审计公司的信息可信任程度，为公司带来更多的利益，因而审计师能向客户索取更高的费用。由于声誉需要长期形成，是至高无上的荣誉，并且可以为后期带来超额收益，审计师会更有动力约束自身行为，以珍惜和维护其声誉。对于社会来说，审计师声誉能增加信息透明度，降低交易成本，对整个社会福利水平是一种提高。

3.2 审计市场中的社会资本理论

审计师获取的各种类型身份本质上说是审计师的一种社会资本。中国是一个关系型社会，人情和关系在资本市场中更是一种宝贵的社会资本。在社会经济条件下，企业为了获得更多发展空间而竞相争夺经济资源。企业通过聘请具有身份特征的审计师，可以向资本市场传递自身财务状况尚佳的信号，也可以通过审计师各种社会身份建立一种有效获取经济资源的渠道。审计师各类身份是审计师与其他社会成员形成的社会网络，审计师能够获取和利用嵌入在这种社会网络中的资源并为客户和自身带来经济价值，因此对于审计师而言，所拥有的身份特征是一种有价值的社会资本。

3.2.1 社会资本的内涵

社会资本研究的兴起可追溯到 Bourdieu（1986）、Coleman（1988）以及 Putman（1993）等对这一范畴的探寻，但这些学者对社会资本的定义和特征并没有达成统一的意见。对于社会资本这一概念的定义，大致可以分为以下两类观点：一种观点认为社会资本即是社会关系网络，并且将社会网络的不同特征（如网络的封闭性或开放性）当作社会资本的特征，研究其对行为的影响。Coleman 是该观点的代表人物之一，他指出社会资本包含了所有能为个人行动提供便利的要素（Coleman，2008），强调社会资本的公共性质。在此基础上，Putnam（1993）进一步提出社会资本是组织或群体中所具有的网络、规范和信任等特征，能增强群体成员的合作精神，减少群体内部的矛盾和机会主义行为。该观点的特点在于，将社会资本放到宏观的框架中进行分析，并认为社会资本是一种群体性资源。而另一种观点则将社会资本作为社会资源，并且是嵌入在社会网络当中，可以由行为者利用并且获得利益的资源。Bourdieu（1986）则是这一观点的代表人物，他认为社会资本是个人通过社会关系获得了资源集合或者潜在能获取的资源集合，而获取资源的多寡则取决于个人在网络群体中所拥有的影响幅度大小。之后的一些研究者则在此基础上引入了"关系强度""嵌入性"等概念（Granovetter，1973，1985；Scott，1991），构建了微观层次的社会资本研究体系。该观点的特点在于，从个人层面对社会资本的内在含义进行微观剖析。然而，这两种观点有相互融合之处，即从微观和宏观两个层面对社会资本进行了理解，促使社会资本的理论研究更为完善和全面。并且，网络是资源存在的前提，而资源是网络的内涵，两者在逻辑上具有统一性。

自20世纪90年代开始，国内学者以中国的社会背景对社会资本进行了研究。与早期西方社会资本研究采用社团为对象的探索类似（Tocqueville，1988；Durkheim，1996），陈健民和丘海雄（1999）运用社会资本的分析方法对社团的"社会中介"作用进行了分析。他们将社会资本定义为一种促进生产的社会关系结构，并将"市民社区"作为一种社会资本，认为市民社区能增进人际间的沟通与合作，为建立互惠互相创造条件，并最终有利于社会和经济的发展。边燕杰和丘海雄（2000）将社会资本的研究着眼点引入企业层面。从经验上讲，企业拥有的广泛社会交往和联系能使其在竞争中更容易获取有价值的信息和资源以及提高竞争力，但这一观点仅是一种被大多数企业广泛接受的经验认知。作者则理性、系统地探讨了社会资本理论，并进一步证实了社会资本在企业发展中的特殊价值和作用。作为整个企业网络上纽结的单个企业，并非孤立的行为个体，因而他们将企业社会资本定义为行动主体与社会的联系，以及通过这些社会联系获取稀缺资源的能力，认为这种社会资本所涵盖的联系可分为三类：一是与上下游企业或部门的纵向联系；二是与其他企业的横向联系；三是企业经营者的社会交往联系。之后，许多学者开始针对企业社会资本及其对企业的行为进行了研究（罗党论和唐清泉，2009；潘越等，2009；李敏才和刘峰，2012）。

3.2.2 社会资本的作用

随着社会资本研究的深入，其所涉及的研究领域也更为广泛，特别是针对社会资本存在所带来的作用方面。一些学者将社会资本概念引入政治学、经济学、管理学领域，研究了其在经济增长、健康、犯罪、教育、劳动力市场、公司治理、政府治理等领域中的作用和影响，并逐渐形成一种新的研究范式。

3.2.2.1 社会资本与经济增长

经济学家发现传统生产要素在研究跨国经济增长问题上的局限性逐步凸显，

进而开始着手引入社会学理论对不同国家和地区的经济增长动力进行探究。Chou（2006）排除了主流经济学家对社会资本这一社会学概念作为资本有效性的偏见和质疑，使用三个模型对社会资本作用于经济增长的三条路径进行了抽象和提炼，得出社会资本可以通过增加人力资本积累、通过增强集体信任和社会规范进而影响金融发展水平、通过加速公司间网络联动进而影响业务融合和技术创新三个方面的路径提高经济增长水平。卢燕平（2007）则将社会资本引入投资模型和市场经济发展的均衡模型，从实证上检验社会资本对经济增长的正向作用。杨宇和沈坤荣（2010）区分了不同类型社会资本对经济增长的作用程度，发现信任与中国经济增长显著正相关，而民间组织密度对经济增长的作用不显著。严成樑（2012）的研究发现，社会资本能有效提高具有代表性的个体福利，也有利于提高创新效率，知识生产和经济增长的速度会更快。

3.2.2.2 社会资本与劳动力市场

社会资本与就业、薪酬等关系在劳动力市场的研究中越来越受到关注。其中，充分就业率是衡量劳动力市场发展情况的一个指标，而下岗职工的问题成为改革时期的社会焦点。赵延东和风笑天（2000）则从下岗职工再就业的视角研究了职工拥有的社会资本和人力资本对其再就业情况的影响，发现职工的社会资本作为提供就业机会的桥梁，仅能对获取再就业资格有显著影响，而对职业声望和职业收入没有显著影响，只有人力资本水平的提高才能同时显著作用于收入和再就业率。与注重劳动力市场分割、就业感受、工作变迁等方面不同，邹宇春和敖丹（2011）则从劳动力市场中的社会资本薪酬方面给予了关注，探讨了自雇或受雇对于个体社会资本形成所产生的影响，结果发现，自雇者与受雇者的"讨论网"的社会资本不存在差异，而对于"拜年网"和"饭局网"社会资本，自雇者会更多地在这方面进行投资。一些研究也从农民工就业方面对社会资本进行了分析，王春超和周先波（2012）发现，整合型和跨越型的社会资本与农民工收入均显著正相关，且农民工与当地员工建立友好关系相对没有关系的农民工能多获得14%的收入，而地域的差异也会影响农民工收入。叶静怡与周晔馨（2010）的研究也发现，通过打工获得的新增异质性社会资本能显著提高农民工收入。

3.2.2.3 社会资本与教育

封闭独立的社区网络可以通过激发或限制个体利用嵌入在网络当中的资源，为子女教育提供更好的环境（Coleman，1986）。同时，封闭的网络社区更有利于父母为孩子提供交流学校信息、监督子女学习状态的机会（Chung，2008）。但这些观点主要基于网络的属性有利于孩子教育，而如果失去这一属性，封闭网络社区则不会对教育产生有利的影响。赵延东和洪岩壁（2012）将社会资本的两种类型纳入统一的研究框架中，分析对教育获得的影响机理，认为网络资源型社会资本主要通过家长的社会网络为孩子提供更多的教育机会而发挥作用，而社会闭合型社会资本则是家长、其他家长、孩子与老师之间形成的立体的结构，为孩子营造有利的学校环境。

3.2.2.4 社会资本与企业绩效

早在边燕杰和丘海雄（2000）首次提出企业社会资本概念的文章中，就提到企业可以通过社会联系获取更多的信息，且更容易发现和笼络到人才，降低信息不对称和增加企业间的信任程度，进而提高经营效率，并从结构和文化两个方面对社会资本在企业运营中的作用进行了分析。此后，一些学者从企业家个人社会资本和企业整体社会资本的角度分析了社会资本对企业经营绩效的影响。罗党论和唐清泉（2009）以民营企业为研究主体，从企业具有的身份特征这种社会资本对民营企业获得的利益进行了分析，发现具有身份特征的民营企业更容易进入特定行业，获得更多的补贴比例等实惠。肖兴志和王伊攀（2014）发现企业基于获取折扣优惠的目的，倾向于加大对社会资本的投资力度，减少了针对研发创新的投资，进而有损于企业健康发展。潘越等（2010）从企业所处的城市具有的社会资本角度，对企业盈余管理水平程度进行了探讨，认为社会资本水平较高的省份，企业在首发上市时进行盈余管理的可能性更低。

3.2.3 审计师—客户关系的社会资本

资本市场参与者所拥有的社会资本会直接影响经济决策，而这种社会资本将如何发挥作用则成为当今财务金融理论领域一个非常重要的问题。审计师作为资本市场信息的把关者，是资本市场最为重要的参与者之一，其对财务会计信息所做的鉴证服务将对参与者的决策有着重要影响。而审计师跟所有资本市场参与者一样，也处于一个复杂的关系网中，其拥有的社会资本能够为客户带来资源获取优势，客户也有更强动机选择这样的事务所，促进了审计师因为社会资本而具有从事机会主义行为的动机。

作为审计师所拥有的社会资本当中的一种，审计师与客户的关系资本对审计师行为有着重要的影响。从实践上来说，审计师需要从客户处获取业务，当审计师与公司高管具有关联关系时，审计师就能凭借这种关联关系更能从公司手中接下审计业务，并且与客户之间保持长期稳定的合作关系。从理论上来说，审计师实际上建立了一个内部组织，而组织中的成员会产生组织支持意识，通常使关系中的双方更加信任和相互帮助（Tajfel et al.，1971；Silver，1990），这种相互支持在关系双方是监督与被监督的关系下，就可能产生无意识的偏见和无理由的信任，进而降低了专业怀疑水平（Nelson，2009）。因而，对于审计师而言，这种相互关系会影响审计师的独立性。Guan 等（2014）从审计师和客户的校友关系角度证明了校友资本的作用，认为这种校友资本降低了审计质量，具体表现在，审计师发表非标意见的概率降低，且伴随着后来的较差业绩表现。同时，有更高的可操控应计水平，而这种较高的可操控性应计却没有与未来的盈利水平正向相关。此外，公司高管的事务所背景也是审计师与公司之间关系资本的一种表现形式。这种由审计师跳槽到客户公司担任职务的"旋转门"现象存在着潜在的负面后果（Lennox，2005；Geiger et al.，2005；吴溪等，2010）。公司与客户的旋转门关系能使审计师通过公司高管影响审计师选聘决策，实现相互间的利益捆绑，影响了审计师的独立性，审计质量难以得到保证。

3.3 审计市场中的机会主义理论

3.3.1 机会主义的经济学含义

机会主义是一种经济学概念，新制度经济学将机会主义纳入交易行为当中。基于科斯提出的交易费用理论，经济学家对其做了进一步的阐释。威廉姆森提出，决定交易费用的因素主要由交易因素，即市场的不确定性、潜在交易对手的数量、交易物品的技术特性、交易频率，以及人的因素，即有限理性和机会主义组成。威廉姆森关于机会主义的基本观点包括，在不完全契约和人的自利动机下，经济人必然产生机会主义倾向。机会主义行为会通过种种手段谋取利益或交易优势，并因此提高交易成本。企业相比市场更能减少机会主义，从而节约交易费用。威廉姆森还认为，竞争可以抑制机会主义，但形成竞争的大数条件会由于交易的异质性和信息不对称而不可避免地向小数条件转化，由此奠定了机会主义的必然存在性。机会主义虽然必然存在，但它既可能发生在契约签订后，也可能发生在契约签订前。总体来说，机会主义表现在签约双方的交易过程中，其谋利行为基于合约的不完备性和信息的不对称性，拥有信息优势的一方通过偷懒、制造虚假信息、违背承诺、欺诈等手段来获取机会主义收益，因而也可以将其称为

"经济机会主义"。契约的不完备在两种情形下为实施机会主义行为提供了诱因：一是契约不可能穷尽一切利益归属，由于不确定性等原因可能出现利益盈余，机会主义者就会利用信息优势将这部分利益盈余占为己有。二是契约不可能使每一个签约人的利益都得到完全保证，当出现这种可能时，机会主义者就会损害对方的利益以增加个人利益。在第一种情形下，并没有损害处于信息劣势一方的合约规定利益，而在第二种情况下，处于信息劣势一方的合约规定利益可能受到损害，但是这种损害的程度是有限度的，因为信息不对称是一个相对概念，并不是无限程度的不对称，毕竟并不存在一个对契约和执行毫不知情的签约者。所以机会主义行为所获取的利益只能限定在信息优势所允许的范围之内，即便是考虑了资产专用性因素之后也是如此，如果超过了这个限度，那么合约的存在性就会受到威胁或者根本就无法订立合约。另外，信誉机制和市场机制也会把这种利益侵害程度限制在一定范围之内。从理论上来说，如果这种侵害可以无限制地进行，市场价格机制的交易成本就会无限制地上升，市场的边界机会被企业无限制地吞噬，市场将不复存在。由此，新制度经济学认为机会主义行为是以不危及契约执行为限度的。

虽然机会主义源于人的自利本性，只要人的自利动机存在，机会主义就不会消除。但即便如此，机会主义离不开特定的制度环境，通过正确的制度设计能够引导机会主义这一类自利本性趋向于更良善的结果。有效的制度安排可以起到协调秩序的作用，也可以将合约执行过程中的机会主义限定在较低水平上，但这建立在制度制定基于行为主体的思维和行为逻辑上，任何有违人性的制度都不可能产生效果。此外，制度本身的缺陷也会通过机会主义行为表现出来，即机会主义行为由经济现象加以体现，具有可观察性，并且可以追踪这种现象至其制度根源所存在的问题。机会主义不可能从根本上消除，但其过分滋长又会淡化人们的契约意识，强化人们的毁约行为，使其经济活动的交易成本迅速上升。而当机会主义发展使社会不得不通过制度进行调节时，制度成本是极其高昂的。与此同时，制度中的空白和不足并不是无关痛痒的，机会主义"无孔不入"，机会主义会专攻制度软肋和制度体系中的薄弱环节，这就要求制度设置需要全面和平衡。

3.3.2　审计机制中的机会主义理论

DeAngelo（1981）首次将"准成本"引入审计机制中。审计师所拥有的"准成本"是指特定期间内的收入超过该期间可避免成本（Avoidable Costs）部分的金额。她认为，首次执行审计活动需要付出启动成本（Start-up Costs），因而当任审计师在未来期间的审计竞标中拥有了成本优势,即针对特定客户的准成本。Schatzberg 和 Sevcik（1994）使用跨期间的实验方法证实了准成本的存在,并发现现任审计师的准成本是源自比潜在审计师拥有更多客户特征的信息。Gigler 和 Penno（1995）则发现,审计师的成本差异是现任审计师经济占优的来源。正是由于准成本的存在,针对经济占优追逐的机会主义行为才会产生。

3.3.2.1 审计机会主义的产生

审计机会主义产生的根源来自于资本市场中的制度不完善和契约不完备。首先,企业并不享有资本市场进入权的分配。我国的资本市场的上市和增发资格必须经过监管部门的严格审批,上市资格是有严格限制和要求的。其次,资本市场针对上市公司的信息披露还进行了强制要求,需要所有上市公司按照会计准则定期披露财务会计信息,并需经由注册会计师鉴证。这种强制的审计要求使得审计师获取了鉴证权优势,进而使客户享有了审计聘约权优势。在双方都掌握有议价优势的情况下,更容易产生双向机会主义动机甚至合谋的行为。最后,现有法律法规对审计师的处罚力度仍旧较轻,会计师事务所的组织形式在一定程度上也规避了审计师因为审计失败而受到法律惩罚。特别是在一些企业当中,审计师会因为所有者的缺位而受制于管理层,从而增大了财务报告舞弊的动机和可能性,更容易发生与客户进行合谋的机会主义行为。

审计机会主义行为是一种双向利益关系,既包含审计师对客户的俘获行为,也包含客户对审计师的俘获行为。基于 DeAngelo（1981）对审计准成本的论述,可以从客户和审计师两个角度来分析准成本获取问题。从客户的角度来讲,准成本是一种交易成本（Transction Costs）,因为如果更换审计师,则会付出更高的审计师收费,并且还需要付出重复成本对新审计师进行训练。从审计师的角度来讲,如果被客户辞退,则会丧失准成本所带来的成本优势,损失未来的超额利润。因此,审计师和客户之间存在着双边垄断关系（Bilateral Monopoly）。除准成本的存在以外,相对于外部投资者,审计师和客户均享有内部信息优势,而这种信息优势本质上是一种信息准成本。审计服务中这些准成本的存在激发了审计机会主义行为的产生（见图3-1）。

3.3.2.2 审计师对客户的机会主义行为

由于准成本是针对特定客户而言的,不具有推广性,更不适用于其他客户,因而面对失去客户而带来的准成本损失,审计师可能会采取低价揽客（Low Balling）以及降低未来审计质量的机会主义行为。而且,除与客户建立长期合作关系以获得准成本以外,审计师还可以通过维持客户关系来谋求为客户提供增值服

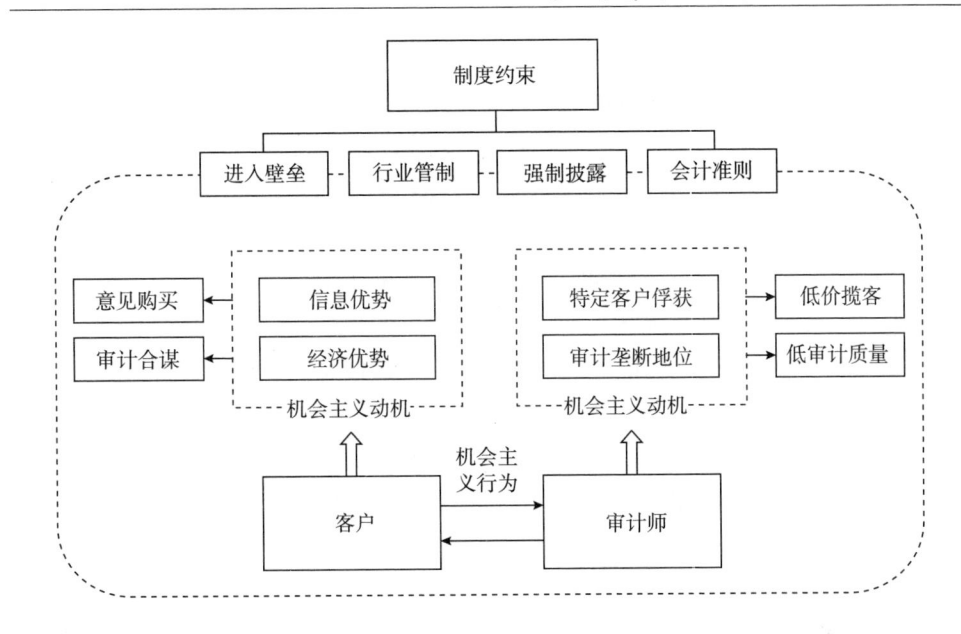

图 3-1 审计机制中的机会主义行为关系图

务的机会,如非审计服务、管理咨询和代理记账等,进而将审计鉴证优势地位的准成本转变为经济利润。

具体来说,审计师在首次业务承接时,可以通过降低收费报价而增加审计业务中标率;抑或是放任客户的盈余操纵行为,降低后期的审计质量,以迎合客户的需求,维持客户关系以撰取未来期间的准成本。Zhang(1999)考虑审计师和客户相互作用关系后,发现审计师的准成本赚取行为的确降低了审计师独立性。认为仅在审计师和客户间的准成本为零的时候审计师才会保持独立性,当准成本大于零的时候审计师会向客户妥协,且这种妥协的程度与准成本大小正向相关。雷光勇(1998)将审计机会主义行为定义为审计关系中掌握审计信息优势的一方对另一方的胁迫或索取利益的行为,并在审计机构或审计人员的机会主义情况中也提到,审计师可能会向被审计单位寻求准成本。陈韶君(2006)则从产权制度角度对审计机会主义行为进行了分析,认为审计机制中的机会主义现象产生的根本原因是企业产权制度安排不当。由于所有者缺位和小股东的"搭便车",缺乏相应的监督约束和动力,管理层和审计师为了获取双方各自的信息准成本,会进行合谋并组成机会主义者联盟,以达到获取超额收益的目的。同时,在审计市场激烈的环境下,需要从客户获取收益的审计师易于在利益的驱使下与客户管理当局合谋而丧失独立性。

3.3.2.3 客户对审计师的机会主义行为

在审计委托关系中,审计师的职责是接受股东的委托,对管理者的受托经济责任的履行情况进行鉴证和监督。在双重代理问题下,大股东或者管理层可能为了获取私有利益而从事机会主义行为损害潜在投资者利益,并使用盈余操纵向市场发送虚假财务信息。股东需要支付额外的成本才能获取相关经营信息,而审计师经过审计业务流程,对客户的实际情况有深入的了解,基于这样的了解审计师就创造了信息准成本(雷光勇,1998),而客户就产生了寻求信息准成本的动机。对于管理者来说,代理问题的存在使得代理人凭借信息优势可能会对股东隐瞒真实业绩,但为了向股东证明自己对受托经济责任的有效履行,以及获得更高的业绩挂钩薪酬,管理者则会操纵企业盈余以呈现更好的业绩结果。而这一经营结果需要得到审计师的认可才具有可信度,管理者必须拉拢具有信息优势的审计师进行合谋,以帮助其掩盖机会主义行为。对于大股东来说,为了保持对上市公司进行掏空和侵占的持续性,也需要审计师的配合,并需要审计师出具"干净"的审计意见进而向市场传递良好业绩的信息。正是基于这样的动机,就产生了客户向审计机构寻求合谋的行为。并且,在制度管制下,企业的上市、再融资都是一种经济准成本。而企业要获得上市资格、再融资资格均需要达到一定的盈利的标准,这些盈利会计信息按照法律规定需要经过具有证券期货资格的审计师进行审计,也只有获得审计师鉴证后才能使信息具有可信度,进而获得更高的投资者认可。因此,客户积极对审计师进行俘获,并合谋从事机会主义行为。

雷光勇(2004)围绕审计合谋问题的研究发现,审计合谋的供给方面需运用委托代理理论进行分析,而审计合谋的需求方面应该从审计机会主义的角度去理解,客户管理当局则是审计机会主义行为的主体。由于非标意见会影响到被审计单位的股票价格,也会对管理层薪酬产生负面影响,管理层就有强烈的动机向审计师寻求"干净"的审计意见,以帮助其掩盖对财务信息舞弊的行为,获取信息准成本。并且在实际情况中,管理层代理所有者享有审计聘约权,使得审计师更容易被管理层"俘获"。因此,在审计师变更的公司中,审计意见购买的行为出现的概率更大(Lennox,2000),审计师更容易被客户收买(伍利娜等,2013)。

4 审计师身份特征研究的国内外文献回顾

4.1 身份特征的经济后果研究回顾

4.1.1 身份特征的理论文献

身份特征的研究涉及社会学领域和心理学领域,同时也是社会资本的一种表征形式。通常来说,身份是指主体在特定关系中所处的一种位置、地位或资格。而身份特征是指个体在社会中扮演的各种不同角色,也是形成个体整个自我的构件。身份特征所涉及的构件即所属类别的信息,比如性别、国籍、观点立场和兴趣团体等。Tajfel (1959, 1969) 提出的身份特征认同理论(Social Identity Theory)认为,个体通过社会群体分类以及人们给予的评价来确定自我的身份特征,划分群体成员身份,并最终确定将自己与不同群体区分开来。从现实情况来看,身份特征具有广泛性,在世界各国的上市公司当中均存在身份特征的现象。企业积极通过获取身份特征与利益关系者建立联系,原因在于这样的身份特征能带来圈层的改变并为企业带来巨大的经济利益。但与此同时,企业与利益相关者建立关系的这类身份特征也可能会成为机会主义行为的根源,造成社会资源的浪费和市场资源配置功能的扭曲。现有研究文献主要从身份特征的正向经济后果和负向经济后果两个方面进行了诠释。

4.1.2 身份特征的正向经济后果

个体通过自身归属某个社会群体,会产生对于归属的情感和价值,即身份特征的认同。身份特征认同理论的相关研究认为，身份特征会对行为产生重要影响，个体会按照他人对其所属群体的定义、评价或期望来采取行动。Tajfel和Turner（1986）将身份特征认同划定为自我外界形象在社会类别中的衍化内容，并认为个体会努力保持和提升他们的自尊，实现和维持积极的身份归属，进一步表明身份特征能对个人行为带来正向的影响。当个体的身份特征受到攻击或威胁时，个体会为了捍卫该社会群体的声誉而产生捍卫行动。Mae和Ashforth（1992）的研究表明，校友对母校的归属和认同感能够促使校友捐赠行为，更愿意聘用校友或校友的亲属，也会更愿意参与校友活动。叶静怡等（2012）认为在身份定位模型的框架下，身份特征所处的网络层次越高，越容易帮助农民工找到工作，且使得农民工的工资水平得到提高。李国武和陈姝妤（2018）认为身份特征也会成为比较倾向的考虑因素，随着身份特征的变化，个体的位置考虑也会相应发生变化，当参照群体从其他人变为同事关系后，相对位置的考虑显著降低了。

除身份特征本身所带来的直接正面行为以外，个体所具有的身份特征对于其所在的组织会产生相应经济后果，部分心理学、经济学和管理学等跨学科研究的国内外文献对此亦有相应的研究。Hillman（1999）指出，公司会采取治理策略以进一步影响公共政策，通过身份特征与相关利益主体建立联系能增加获取行业经营信息的渠道并对相关利益主体进行营销，进而降低不确定性和交易成本，提高公司价值。通过美国上市公司董事会成员与共和党、民主党之间的关联关系，Goldman等（2009）研究发现有公共部门身份的员工得到任命后能为公司带来超额的股票回报，且区分党派之后，发现2000年美国共和党赢得大选使得与共和党有关联的企业公司价值得到提升，而与民主党关联的企业公司价值显著降低。Faccio等（2006）利用35个国家具有关联关系公司数据开展的研究表明，有关联关系的公司更容易得到美国政府的救助，且在其所在国家获得国际货币基金组织和世界银行的资金资助后，获得美国政府救助的可能性更大。而一些研究也发现，公共部门方面的身份特征能带来融资便利。Johnson和Mitton（2003）从马来西亚总理上任对资本的管制措施出发，发现与其有关联关系的公司在其上任期间获得了约50亿元的市场价值提升，也即在关联关系可以使企业通过政府的资本管制获得更多的支持。而Claessens等（2008）将巴西企业对联邦代表选举的资助数据作为关联关系的替代变量，研究发现了该类企业获得了更高的市场回报，且在巴西选举后相比对照组企业的银行借款能力提升更大，说明身份特征有助于企业获得银行贷款。

国内学者的研究也分析和证明了身份特征的正向经济后果。余明桂和潘红波

(2008)以董事长或总经理是否为现任或曾经担任相关利益主体负责人或各类委员作为身份特征的衡量口径,发现有社会任职经历高管的企业相较没有类似经历的高管所在企业能获得更多的银行贷款和更长的贷款期限。罗党论和刘晓龙(2009)认为民营企业与相关利益主体建立的良好关系有利于企业进入高壁垒的管制行业,进而提高企业经营业绩,从长远上促进企业的发展,且其研究还发现,进入高壁垒行业拥有的社会资本公司的经营绩效显著提高。张敏和黄继承(2009)从企业多元化的角度考察了社会资本的影响,发现关联因素的存在使企业获得了多元化的资本,拥有社会连接度更高的公司的多元化程度更突出,并且社会资本也降低了公司实行多元化带来的风险,进一步说明了市场对社会资本的替代作用的认可。一些研究从团体成员身份特征出发,认为团体成员身份意味着责任,象征着社会对其有着更高的道德要求(梁建等,2010)和行为准则。高勇强等(2011)对民营企业家身份特征与企业慈善捐赠行为之间的关系进行了研究,发现民营企业家包括各类团体的和行业的身份角色对企业慈善捐赠行为和水平有显著的积极影响。彭学兵等(2022)从身份特征影响自举行为的角度研究发现,多种身份特征组合对创业新手的自举行为的组态效应。

4.1.3 身份特征的负向经济后果

个体可以通过自我确认(Self-verification)在情境中激活身份特征,并通过他人反馈来确认该身份(Turner et al.,1978)。从心理学来说,当个体在情境中获取到的信息与个体自身标准不一致时,个体会产生痛苦的情绪体验(Burke,2006)。而在经济后果方面,现有研究表明当企业通过雇用有社会公共部门任职经历等身份特征,能为企业创造有利的经营环境,带来正向的经济后果,但也可能产生负面的经济后果,损害公司价值和市场效率。Leuz 和 Felix(2006)以印度尼西亚的数据进行研究后发现,公司由具有社会资本的高管带来的与印度尼西亚公共部门相关关系程度越强,公司发行外债的可能性越小,进而导致公司境外融资与公司业绩的价值相关性研究存在严重的偏误;同时,社会资本除改变公司融资决策以外,还会影响公司的长期业绩。当与公司关联的力量倒台以后,公司不仅难以与新的掌权人建立关联关系,其业绩表现也会变差。与之类似,Fan 等(2007)也检验了有社会资本高管的关联公司长期业绩的负面影响,发现 790 家在中国资本市场新上市的民营企业中,有 27% 的董事长曾经或现在担任相关利益主体部门负责人,而这些具有社会资本的公司比没有社会资本的公司的 IPO 后 3 年的业绩表现低 18%,并且其 IPO 后 3 年的成长性、销售增长率以及销售利润率的变动更差。同时，这种董事长相关关系的负面效应还同时反映在上市后第一天的股票回报上。而 Chaney 等（2011）从会计信息质量的角度证明了相关关系的负向作用，发现由于相关关系公司所受到的市场约束较小，缺乏提高会计信息质量的动机，因而，其所披露的盈余质量要显著低于同类型的非相关关系公司。此外，一些经济学领域的文献也探讨了身份特征对社会整体效率和不公平分配的影响问题，部分实验室研究证实了身份特征所划定的群内成员存在普遍偏袒，而部分田野研究发现对群内成员存在同情和保护（Bernhard et al.，2006；Goette et al.，2006）。Dawes 等（1988）认为由身份特征所定义的群体内成员更会为自己的共同利益服务，当公共物品并不为群体内成员享有时，公共物品的供应水平会显著降低。

　　国内研究方面，贾明和张喆（2010）发现，拥有相关关系的公司对慈善捐款的参与度更大，且捐赠金额也更多，但进一步研究这一相关关系的原因后发现，提高公司与相关利益主体之间的关系强度是相关关系公司产生慈善捐款行为的诱因，而高管出于对私人利益的追逐，也会加大对外捐赠。潘越等（2009）认为，虽然相关关系能使民营企业更容易获得补贴补助，但补贴补助仅在当年可以改善经营业绩，对其后的业绩提升作用则取决于相关关系的强弱程度，相关程度越高对业绩提升作用越不显著，进而说明相关关系导致了低效率的资金运用。张敏等（2010）的研究结果表明，相关关系虽有助于企业获得长期贷款，但贷款更容易被用于过度投资，表明了相关关系对信贷资源配置的负向作用。梁莱歆和冯延超（2010）的研究结论表明民营企业的相关关系使其承受了政府的社会目标，为了保持相关关系，其不得不承担比非相关企业更高的雇员规模和支付更高的薪酬成本。许年行等（2013）的考察结果表明，相关关系会降低对违规行为查处的及时性，且违规公司高管更容易通过变更逃避责任，进而导致中小投资者法律保护的执法效率降低。邓建平和曾勇（2009）在控制了内生性关系后也发现民营企业或实际控制人与相关利益主体关联程度越高，企业的经营业绩越差。徐业坤等（2013）从相关关系所带来的制度不确定性角度出发，证实了具有相关关系的企业投资支出水平相对于非相关企业受到官员变更和制度不确定性的影响程度更大。邓新明等（2014）则从国际化的角度进行了分析，发现民营企业的归属地相关关系能提高国家化的深度，但却无法影响国际化的广度。范良聪等（2016）基于社会规范实施的真实劳动场景，研究了第三方惩罚博弈中身份特征带来的效应和异质性问题。雷震等（2016）采用实验经济学方法证实了相关负责人身份会显著提升机会主义行为这一负面经济结果。文雯等（2021）将公司 CEO 是否拥有境外居留权作为身份特征的表征变量,发现当CEO具有境外居留权时会显著降低上市公司对企业社会责任的投入。

4.1.4 身份特征经济后果类型的区分

针对身份特征究竟是给企业价值带来正向作用还是负向作用这一悖论,刘慧龙等(2010)指出,公司对相关关系高管的激励方式是影响相关关系因素对企业价值作用性质的重要因素。通过研究不同性质上市公司的薪酬激励方式,发现不同性质的企业对聘任具有相关关系高管的动机也存在差异,在国有企业中,部门依靠向国有企业指派关联高管干预企业经营的因素居主导地位,其薪酬业绩敏感性较低,对高管激励不足;相反,在民营企业中,为了促使相关关系的高管帮助企业获得政府的支持,会加强薪酬业绩敏感性,进而激励高管创造更高的企业价值。胡旭阳(2006)、罗党论和甄丽明(2008)在对民营企业融资约束问题进行研究后发现,关联关系能带来融资便利的原因在于向市场传递了企业优质信号。与之相反,于蔚等(2012)将关联关系缓解融资约束的作用机制分为以下两个方面:一是信息效应,指企业拥有的相关关系能传递未来良好业绩的信号,进而降低资金需求方和供给方之间的信息不对称程度;二是资源效应,指企业通过与相关利益主体良好的关系获得有利于自身发展的政策优惠和支持,更容易获取贷款资源。其研究表明,关联关系的资源效益是最为主要的方面。也就是说,关联关系减轻企业融资约束的作用路径是通过企业向相关利益主体寻求扶持和帮助来实现的。杜兴强等(2011)则证实了民营上市公司中的任职经历类相关关系对公司业绩具有显著的负向影响,支持了制度干预观点,而代表委员类关联关系则表现为正向的影响,支持了社会资本观点。贺小刚等(2013)区分了国有企业和民营企业来考察相关关系的影响,发现相关关系遏制了民营企业的创造性生产活动,抑制了破坏性生产活动,在国有企业中的作用则相反,且民营企业的这种破坏性生产活动的积极作用更为显著。

4.2 审计机制与身份特征研究回顾

本书所指的审计师身份特征是指注册会计师具有的基本身份特征,包括年龄、性别和所内职务;专业类身份特征,包括学历层次、所学专业、从业时间;

荣誉类身份特征，包括审计师获得高级荣誉、中级荣誉和一般荣誉奖励表彰。韦伯（1968）指出，一个人的身份特征由继承方式或者自身努力而获得的。而根据审计需求的代理理论，审计机制的产生是基于委托人和代理人的共同需要，其目的是解除受托经济责任，降低代理成本。作为信息鉴证者的审计师，如果无法保持独立性，则无法实现对代理人的监督约束。针对身份特征因素的存在是否会成为审计师独立性的威胁这一问题，现有文献从不同方面研究了由被审计单位管理人员具有身份特征带来的关联关系因素对审计师行为的影响，但这方面的研究结论不太一致。

廖义刚和王艳艳（2008）认为，面对存在关联关系的公司，审计师能保持独立性，并且独立审计与股东制衡机制之间是互补关系。一些文献也间接证明了此观点，Gul（2006）发现，具有关联关系的马来西亚公司在亚洲金融危机期间，由于错报风险相对非关联公司更高，其审计收费也更高。而在金融危机后，由于相关部门实行了资本管制以帮助关联公司，降低了审计风险，审计收费也相应下降。夏立军（2009）、杜颖洁和杜兴强（2011）基于非持续经营假设，以"上海社保基金案"为研究对象，发现有相关关系的上市公司涉案的可能性更高，使得上市公司风险加剧，审计师不出具清洁审计意见的概率更低。而 Chan 和 Lin（2006）针对本地所和非本地所的研究发现，由于本地所对相关利益主体具有经济依赖性，地方国有企业通过聘请本地所更容易实现审计意见购买。与之类似，Wang 等（2007）的研究表明，地方国有企业更愿意选择本地小所的原因是，这类企业可以凭借与相关利益主体的联系，对当地的事务所施加一定的压力，进而更容易使审计师失去独立性，并与之合谋。杜兴强等（2011）对国有上市公司关键高管关联关系的研究表明，这类公司更倾向于选择本地小所，且被出具非标审计意见的概率更低。韩晓宇和张兆国（2021）关注了被审计单位的董事长为名人时，审计师会收取更高的审计费用，且社会身份和商界身份对这种溢价作用有正向调节作用。

也有部分文献从审计师自身具有的身份特征研究其对审计行为和结果的影响。从审计师具有的发审委身份角度来看，王兵和辛清泉（2009）的研究发现会计师事务所合伙人在证监会发审委担任专职委员后，其 IPO 份额和审计收费均得到提高。李敏才和刘峰（2012）通过研究 IPO 公司所聘请的中介机构是否在发审委任职，发现审计师的发审委关联相对于其他中介机构，更能显著提高成功上市概率。陈辉发（2012）以 2003 年发审委名单公开为背景，发现审计师为了维护声誉，会提高 IPO 公司年报的盈余质量。Yang（2013）的研究提出了制度知识假说和游说假说，验证了会计师事务所合伙人在担任发审委委员前后都能提高 IPO 成功概率，并且使事务所自身从发审委关联中获利。杜兴强等（2013）以及陈云森等（2014）均发现发审委关联的中介机构能提高上市成功率，并且上市后的表现比上市前的表现更差。孙亮等（2022）将会计师事务所具有 IPO 发行审核委员会身份作为"赋予型"声誉的替代，研究发现会计师事务所成为发审委事务所之后，常规年报的审计质量明显提升。李万福等（2020）基于中国注册会计师协会评审"资深注册会计师"带来的签字注册会计师声誉变动，研究了获得"资深注册会计师"身份后，审计师更可能出具非标审计意见，对被审计单位的监督作用更强。

4.3 文献评析

从现有对身份特征经济后果的研究来看，既有负面的经验证据，也有正面的经验证据。正面的作用主要在于能缓解融资约束，更容易获得银行贷款进入管制的行业，获得更多的部门补助和税收优惠等。但这些利益的获取都需要企业凭借与相关利益主体的良好关系，通过向相关利益主体寻求而得来。从本质上来说，身份特征所获得的积极效果是企业向相关主体寻求的经济准成本，而寻求利益过程本身既是一种机会主义行为，也是一种非效率的替代机制。虽然机会主义行为并不违反法律规范，但其为企业带来的私有利益是建立在损害整个社会整体资源配置效率的基础上的。同时，相关关系也使得相关利益主体能通过有相关关系的企业进一步掏空和干预经济行为，损害市场效率。一些文献也证实了相关关系对企业自身的经营业绩的负面影响，以及对资源配置效率的降低。

总体而言，以上文献均是基于公司层面相关关系和高管特征进行的研究，对于审计师自身具有的身份特征对审计行为及其经济后果的影响却较少探讨。实际上，审计师的身份特征与公司高管特征有着很大区别，审计师作为独立的第三方，其职责在于公平公正地发表审计鉴证意见，独立性是其生存发展的灵魂，这与以股东利益最大化为宗旨的公司相比存在较大差异，因而不能完全套用公司的相关关系理论。虽然近年来已有部分文献开始将研究重心聚焦到审计师身份特征上来，但基本上局限于审计师性别、毕业院校、出生地、相关部门任职资格，并未涉及审计师所拥有的其他身份特征，且均是从负面角度对审计师身份特征进行解读。为此，本书将在更全面衡量审计师身份特征的基础上探讨其影响。

4.4 本章小结

本章主要围绕审计师身份特征作用后果的信号传递理论、社会资本理论与机会主义理论三大理论进行分析。由于审计市场存在信息不对称，并且审计契约存在不完全性，导致审计师需要通过声誉机制彰显自身的独立性和审计质量，避免出现逆向选择问题。而由于相关部门行业政策以及审计师需要从客户处获得收入等因素的存在，导致了企业和审计师双方产生机会主义行为的动机，而这种与相关利益主体的联系正是一种社会资本。同时，这种身份特征也是进行机会主义的一种手段，企业和审计师能通过向相关利益主体获取准成本而获取经济利益。

进一步地，本章还对目前关于身份特征的经济后果相关文献进行了归纳总结，并将其经济影响分为正反两方面进行了评述。虽然身份特征能为企业带来价值，但这种价值是基于自身的短期利益而言的，从本质上来说，身份特征更多的是一种负面的作用。同时，现有研究结论主要集中于公司层面的高管特征，对于审计师身份特征的情况仍旧欠缺。而审计师作为信息鉴证者，对其拥有的身份特征不能完全照搬企业高管身份特征的分析思路，结合理论分析中的三大理论，本书将在下一章着重讨论审计师身份特征对经济后果的影响机理。

5 审计师身份特征的作用机理分析

本章主要基于信号传递理论、社会资本理论、机会主义理论对审计师身份特征的作用机理进行分析,并提出审计师身份特征的机会主义假说和声誉假说。

5.1 审计师身份特征的机会主义路径

制度对经营的影响是各国企业发展中必然存在的情况(唐雪松等,2010)。随着经济活动的不断变化发展,政府与市场两方面的作用此消彼长。正是由于制度对经营影响的存在,使得审计关系中的各方均存在机会主义动机。

5.1.1 经营环境对身份特征需求的影响

5.1.1.1 我国经营环境情况

受到我国历史背景影响,我国经营环境除维护经济正常运行以外,还存在着独特性的一面。自改革开放后的40多年时间里,我国经济一直保持着惊人的高速增长。而事实上我国自然资源禀赋、物力财力、技术水平、尖端科技等基础物质条件都较为不足,同时,我国针对投资者的保护制度、会计标准和公司治理等司法制度极为不健全(Allen et al., 2005),在这样的情况下,我国经济还能出现"增长奇迹",与经济调节有着密不可分的关系。而经济调节则源自我国的地方分权制度。1979年,中央开始推行行政放权,逐步将权力下放到地方。由于分税制改革和放权让利的共同作用给地方政府发展当地经济注入了新的动力,地方政府更积极地调节地方经济以加快地方发展。

分权化改革使得经济层面的产权制度发生了较大改变,各地主体从协助中央政府管理地方经济的附属机构演变为地方经济的主导者，扩大了地方部门的自由裁量权力和行政权力，调动了地方部门的积极性，也使得地方部门成为推动当地经济发展的主体力量。同时，地方主体之间的格局也发生了变化。计划经济体制下，主要资源的分配权力由中央部门享有，地方部门需要从中央部门获取资源分配，为了争取计划的倾斜，地方部门之间存在一定的积极竞争关系，但这种竞争关系仍然是在统一指导和规范下，且多为经济资源层面的竞争。而改革开放后的分税制改革和财政分权赋予了地方部门的独立经济主体地位，为获取更多的经济资源优势，地方部门间围绕经济增长而展开竞争。因此，这种自利动机成为地方部门"为增长而竞争"最根本的动力来源。同时，在分权造就的经济制度下，地方部门虽然享有行政自由，但也需要作为一个独立的主体承担相应的行政责任。分税制改革后，面对地方财政支出的加大以及中央部门政策的行政制度设定，都使得地方部门需要增加财政收入以弥补财政赤字。在这样的背景下，寻求有限的外部资源就必然导致部门间的竞争。部门间为了寻求 GDP 增长、税收收入等方面的竞争，就需要通过引导社会经济而进行。

5.1.1.2 构建身份特征的动机

正是由于各地经营环境情况，才激发了企业构建身份特征的需求。一些研究表明，经济越不发达、市场化程度较小的地区，企业与相关利益主体建立相关关系的情况较多（罗党论等，2009）。通常而言，部门的引导行为既有维护市场有效运行的作用，也会阻碍经济社会的正常发展，存在正向和负向两方面的作用。在现实中，两种作用往往同时存在，但无论是正向的还是负向的，企业都有动机构建身份特征。

我国经济处于转型时期，对于大部分企业来说，面临着融资约束、行业进入壁垒、缺乏税收优惠等竞争条件，同时，由于法治化水平较低，企业的利益难以得到保证，其生存和发展的空间狭窄而有限。在这样的情况下，非正式制度就成为支持企业发展的重要因素（McMillan，1997；Allen et al.，2005），社会资本则是其中一种重要的正式制度替代机制。社会资本能为企业提供便利的信贷支持（Khwaja and Mian，2005；胡旭阳，2006；余明桂和潘红波，2008）、更低的资本成本（Boubakri et al.，2008）、更广泛的投资机会、更多的政府补助（潘越等，2009；余明桂等，2010）等，因而，企业有强烈的动机通过与相关主体建立相关关系来获得庇护和经济帮助。

我国的法律制度有待进一步完善，对企业的保护并不全面，在这样的情况下，与相关主体建立相关关系则成为保护企业产权免受损害的重要机制（Chen et al.，2005；Bai et al.，2006；潘红波等，2008）。Chen 等（2005）的研究表明，外部主体越倾向于从企业方面获得准成本，企业建立与其他相关利益主体的相关关系的可能性也就越强。Bai 等（2006）的研究认为，为了应对产权保护不足的问题，企业会通过积极地参与交流活动和社会公益活动来获取更多的资源，保护自身的利益。潘红波等（2009）发现企业的并购绩效与部门相关关系程度正向相关，证实了相关关系作为法律保护的替代机制，能使企业利益避免受到经营环境和行业制度的影响。因此，从减轻处罚、实现产权保护的角度来讲，建立与相关利益主体的相关关系对企业是有利的。

5.1.2 审计师身份特征对机会主义行为的影响

5.1.2.1 审计师身份特征的机会主义路径

由于身份特征因素的存在，审计机会主义行为关系的主体由原来的客户—审计师两元关系演变成了客户—审计师—社会组织之间的三元关系。从总体上来说，身份特征是企业与社会其他利益主体建立紧密联系的纽带，当审计师具有身份特征时，更有利于企业从事机会主义行为。主要表现在两方面：一方面，审计师具有的身份特征可以作为一种保护机制，使审计当中的机会主义行为不易受到监管处罚，降低机会主义行为的处罚成本。另一方面，审计师可以凭借社会身份帮助企业建立与相关利益主体的社会网络，有助于企业获取准成本。具体而言，本书认为审计师身份特征可以通过以下两条路径影响机会主义行为。

（1）资源获取路径。成熟的资本市场是充分发挥市场自发作用的市场，其资源配置过程具有公开性和透明性。然而受计划经济时期的影响，我国资源配置效率并不高，市场化程度还有进步的空间。基于制度环境对企业生产和发展有着至关重要的作用，许多企业认识到与相关利益主体建立良性的互动是资本增值的快捷方式，并更加重视与相关利益主体良好的业务往来。通过与相关主体建立密切的相关关系有利于获取生产所需的资源，并降低企业经营的不确定性。作为企业的一项经营策略，企业通过聘任具有社会资本的高管或是争取自身的相关身份，积极寻求经营必需的经济资源和信息。随着越来越多的审计师被赋予了身份特征，使得审计师的身份特征可以成为企业需要的资源纽带或信息获取的渠道。

当审计师有身份特征时，企业可以直接向审计师要求准成本，以获取有利于企业的经济利益。对于审计师而言，需要从客户处获取收入的特性决定其不得不帮助客户向其他相关利益方获取更多的信息优势和资源，抑或是直接被客户俘获。这样聘请具有身份特征的审计师将更有利于企业进行机会主义行为。

(2) 业务竞争路径。经营环境和行业制度不仅影响审计师与客户之间的正常业务承接关系，还使得审计机构存在机会主义行为的动机。审计师凭借所拥有的身份特征进行机会主义行为，使其更容易获取业务，在业务承接上更有竞争优势。同时，审计师所具有的身份特征能带给企业更多的经济资源和信息优势，也使得企业更乐意于聘请具有身份特征的审计师。因而，身份特征使审计师更具有业务竞争性。

我国的审计市场自建立以来一直较为分散，而业务竞争的日益激烈使得审计师寻求更多相对优势显得更为普遍。这表现在，资本市场审计资格最初是有限的，虽然后来演变为备案制，但无论如何审计师必须满足设定的要求才能够获得证券期货服务资格并进入资本市场从事审计服务。而资本市场审计服务涉及的业务金额较大，对审计师是一笔可观的业务收入，因此，审计师需要获得资本市场参与资格，才能获取更多的审计委托。不仅如此，一些审计业务权的分配需要达到一定条件才能够享有入围资格，例如，2002年中国证监会发布了A股补充审计和首次公开发行专项复核的规定①，而享有补充审计和专项复核资格的事务所均由证监会圈定。在高度竞争的审计业务市场，获得业务资格是占领市场的重要保证，而具有身份特征的审计师有良好的社会声誉和资源，在争取业务资格时可能享有更大的优势。另外，针对大型国有企业的审计外包招标服务中，也是由国有重点大型企业监事会来确定投标入围审计师的，而该监事会中也有不少会计师事务所合伙人担任，因而具有身份特征的审计师也更容易获得招标。

5.1.2.2 审计师身份特征的社会资本

在机会主义假说下，审计师的身份特征是其作为一种社会资本而存在。根据社会资本的定义，审计师的身份特征是构建各相关利益主体联系的渠道，不仅能给客户带来信息资源和经济利益，也能使自身通过社会地位获得更高的审计收费，因此，审计师所拥有的身份特征是具有价值的。审计师所具有的身份特征作为社会关系或者社会资本将会影响审计师的决策，进而也会影响到其他参与者的决策。在这样的情况下，对审计师身份特征这类社会资本的研究具有重要意义。

然而，现有的一些研究主要从审计师与客户的关系角度对审计师社会资本进行了分析，对于审计师拥有的关联关系这种社会资本仅仅从审计师的发行审核委员会关联这一特征进行了研究。具体来说，由于企业上市能拓宽融资渠道，对企业未来发展有着诸多裨益，因而许多企业都热衷于将企业做上市。然而在我国对

---

① 直到2007年针对A股补充审计业务和首次公开发行股票的专项复核业务才被取消。

上市资格严格管控下，企业的上市资格是一种稀缺资源。在当前的发行制度下，拟上市的公司除满足基本条件以外，还需要通过证监会发行审核委员会的投票决定，对于企业而言，能否成功上市就取决于发行审核委员会的最终决定权，而具有发行审核委员会委员资格的审计师则成为企业重要的帮手。如果企业聘用的审计师曾经担任或者正在担任发行审核委员会委员，那么企业能够利用审计师的发行审核委员会关系网络，获取和使用嵌入在该社会网络中的资源即社会资本，以提高企业的成功的概率。因此，审计师担任发行审核委员会委员作为一种审计师的身份特征资本，能帮助客户获取上市资格，为客户带来切身的利益。而对于审计师自身而言，也能通过这种社会资本收取更高的审计服务收费，获得收费溢价。

不仅如此，审计师的其他身份特征也可以作为审计师的社会资本，如审计师拥有较长时间的从业经历、校友身份、专业身份、各级别荣誉和奖励。在机会主义理论下，由于市场经济活动除根据市场资源配置以外，还存在人际交往的行为，这就创造了仅有少数企业享有的超额收益机会，而为了争夺这部分超额利润，企业必须通过社会资本来进行获取。而审计师的身份特征不仅可以帮助企业建立与各部分利益主体的沟通桥梁，还为企业进行机会主义行为提供了良好的渠道。企业能从这种相关关系中获得更多的经济利益，如银行贷款、税收优惠、政策补贴、行业进入权限等。作为中介机构的审计师也是一种特殊的企业，在执业过程中同样受到相关利益主体的约束和牵制。一些业务的分配仍然由其他相关单位进行掌控，审计师为了获取审计业务必须经由相关单位同意。因而，审计师的这种社会资本不仅能帮助企业寻求社会资源，也能使自身获利。一方面可以向客户收取更高的收费，另一方面也可以通过与相关利益主体的这层关系直接获取机会主义利润。同时，审计师的身份特征还能作为一种保护机制，为自身和企业的机会主义行为提供掩护，保护机会主义行为不受政府处罚。因此，审计师身份特征作为一种社会资本具有很大的价值。

基于对审计师身份特征的机会主义行为路径分析，在现有经营环境的背景下，审计关系中的双方以及相关组织均存在机会主义的动机，审计师拥有身份特征可能作为一种社会资本，而发挥着为机会主义行为助力的作用。因此，本书提出审计师身份特征的机会主义假说。

5.2 审计师身份特征的声誉路径

5.2.1 审计师声誉的需求

从市场规范的角度讲,由于审计契约具有不完全性,以及审计市场存在着信息不对称,这导致审计师拥有"逆向选择"和"道德风险"的动机,因此,需要声誉机制来激励和约束审计师的行为,以实现审计契约自我履行,维护市场有效运转。同时,法律机制和制度管制等方式对审计市场的强制作用往往在实践效果上不理想,审计师声誉机制的构建则能调动审计师自身的积极性,能充分发挥审计机制的本质作用,并与法律机制和制度管制的作用形成互补。而从审计师自身角度来说,在审计质量无法观测的情况下,为了满足公司降低融资成本而对高质量审计的强烈需求,审计师可以通过声誉机制来传递专业胜任能力和高独立性的信号,继而作为审计定价的依据,审计师能获得更多的声誉溢价。

在理性的审计市场中,声誉是审计师的标识变量,是高质量审计的代名词。审计市场是重复交易的市场,前期交易的结果会直接影响到后期的收益,而审计师声誉则是由多次交易长期累积形成的。拥有良好声誉的审计师可通过"声誉租借"提高被审计公司的信息可信任程度,为公司带来更多的利益,因而审计师能向客户索取更高的费用。由于声誉需要长期形成,是至高无上的荣誉,并且可以为后期带来超额收益,审计师会更有动力约束自身行为,以珍惜和维护其声誉。对于社会来说,审计师声誉能增加信息透明度,降低交易成本,对整个社会福利水平是一种提高。

5.2.2 审计师身份特征的声誉作用

孟子的《滕文公上》里面有这样一句话:"民之为道也,有恒产者有恒心,无恒产者无恒心,苟无恒心,放辟邪侈,无不为已。"也就是说,没有稳定财产收入、没有身家地位的人,通常也没有道德观念和自尊心,其行为是以自利为准绳,坑蒙拐骗、毫无诚信可言。具有身份特征的审计师多数都在行业内做出了一定成绩,本身就是行业的佼佼者,业务承接不再令其担忧,这样的审计师更加注重的是维持精心树立起来的声誉和地位。而身份特征正是一种社会地位的象征,是国家对审计师专业能力和职业道德的认可，是事务所的专业荣誉和社会声誉。当审计师被赋予这样的头衔的时候，他们更会注意自己的言行，以免社会声誉受到损害。正所谓衣食足而知荣辱，有身份地位的审计师不会为了获得一个客户的"面包"而跟客户合谋。在相关部门认可的假说下，虽然上市公司的确有潜在合谋的动机和需求，但具有身份特征的审计师的道德底线不一定就会"沦陷"。

审计师需要权衡其帮助客户从事机会主义行为或者合谋带来的利益，以及可能招致的社会声誉损失（Yang，2013）。审计市场具有"柠檬市场"的特征，市场无法直接识别审计质量，因而，声誉就成为凸显自身价值的信号机制（李连军和薛云奎，2007；Tooth，2008）。作为中介机构，会计师事务所不同于一般的市场主体，它是资本市场的重复参与人，未来的收益与其声誉紧密相连。诚实是最好的竞争手段（张维迎，2001），当期倘若与客户"勾结"，虽然能获得眼前的短期利益，但如果这种违法行为被暴露，随后的期间审计师将失去公众的信任，甚至丧失市场参与资格[①]。并且，由于社会身份的公开透明性，使得这些身份特征成为审计师的"紧箍咒"。进一步导致具有身份特征的审计师更有动机提高审计质量，以维护来自行业认可的信任声誉（陈辉发等，2012）。社会声誉和专业地位是审计师保持独立性的动机，也是审计质量的基础（王帆和张龙平，2012），一系列研究将国际四大和国内十大事务所作为审计师声誉的替代指标，均发现社会声誉与审计质量正相关（Francis et al.，1999；漆江娜等，2004；蔡春等，2005；Francis and Wong，2008；Weber et al.，2008；Kanagaretnam et al.，2010）。Paul 和 Kirk（2002）的研究证明，审计师声誉与实际的审计质量和可感知的审计质量均有正相关关系。在信息可充分获取的情况下，投资者能够对审计师独立性做出判断（Francis and Ke，2006），具有良好行业声誉的审计师，其独立性更能获得投资者认可。进一步地，审计质量的提高能使审计师更好地发挥外部治理功能，规范上市公司行为，降低上市公司违规的可能性。同时，为了维护行业认可所带来的荣誉，审计师也会更加关注客户违规风险，避免上市公司犯错，以免影响自身。

同时，由于审计师声誉能为会计师事务所带来一定的声誉溢价（Palmros，1986；Baber et al.，1987；Simon and Francis，1988；Ettredge and Greenberg，1990；王振林，2002），这就为审计师维持声誉提供了经济动力。由于树立良好声誉和形象需要支付高昂的成本，通过审计收费的溢价来进行补偿能确保声誉机制的有效发挥（Allen et al.，1995；李连军和薛云奎，2007）。法律和信誉是维

---

① 例如，前五大之一的安达信会计师事务所在经历"安然事件"后，最终解散。

持市场有序运行的两个基本机制（张维迎，2001），如果不能从行业认可的声誉中获得补偿，审计师就缺乏保持独立性并提供高质量审计服务的动力，信誉机制也就会瓦解。不同于机会主义假说，在行业认可假说下，审计收费溢价是一种声誉溢价。行业认可所带来的声誉，能使审计师获得经济利益，为审计师保持独立性提供持续动力。

因此，本书根据信号传递理论和声誉理论，提出了审计师身份特征的声誉假说。在声誉假说下，审计师身份特征的作用在于向市场传递信号，代表着审计师更高的独立性和审计质量，同时也约束着自身的行为。

6 审计师身份特征与审计收费的实证研究

6.1 问题的提出

审计师作为资本市场信息的"净化器",在维护市场有效运行,推进经济发展中有着重要的地位和作用。审计师作为社会参与者,本身具有基本的身份特征,包括年龄、所内职务、从业年限、学历层次、专业等。同时,越来越多的审计师凭借自身的专业能力,受到社会广泛认可,通过获得各类社会荣誉和行业奖励,被赋予了新的身份特征。已有研究表明,企业高管的身份特征能够增加公司价值(Faccio,2006;Li et al.,2008)。那么,审计师作为会计师事务所的核心成员,其身份特征对会计师事务所及其所提供的审计服务是否具有价值增值作用,又通过什么样的路径来实现价值增值,这是本章主要解决的问题。

一方面,审计师身份特征是监管机构、机关部门等授予行业内专家、精英的荣誉,也是对审计师专业素质、执业能力和行业贡献的一种"认可"。作为获得社会荣誉的行业佼佼者而言,社会头衔代表着更高的独立性和可信度,凝结着其在行业的声誉,象征着其在社会的地位。独立性是审计存在的基石,信任是审计赖以生存的基础,而具有身份的审计师正是其独立性和专业能力的表征,更能获得财务报告使用者的信赖,上市公司也更愿意选择具有身份的审计师来提供财务报表的鉴证服务,以最大限度地发挥审计对财务报表可信度的提升作用。因此,在不损害社会整体利益的前提下,审计师身份所带来的社会认可和社会地位能为审计师吸引更多客户和带来更多的审计业务收入,反过来,声誉受损会招致更多的客户流失和业务收入降低,这也使得具有身份特征的审计师更加严于律己,更加注重自身行为,以维护其行业声誉。

另一方面,新制度经济学认为,人的行为具有机会主义倾向(Opportunism),即经济人会有目的、有策略地利用信息优势,对信息加以筛选和扭曲,借助不正当的手段谋取自身的利益(Baiman and Rajan, 2002)。会计师事务所是以营利为目的,具有经济人天生的自利动机(杨世信等,2020)。对于审计师而言,要获取更多的客户资源,收取更高的审计费用,占据更大的市场份额,意味着需要更强的专业胜任能力、更高的审计质量和更好的品牌声誉。而提高业务能力、维持高水平的审计质量、建设良好的品牌形象需要投入更多的审计时间、人力资源、持续的专业教育、放弃高风险审计客户等,这必然会带来审计成本的提升。特别是当审计成本大于由此带来的经济效益时,审计师会缺乏内在驱动力去提高自身业务质量。同时,在经济发展中,非正式制度社会资本在促进合作关系形成、维持社会运行中发挥着特定的作用,因而具有身份特征的审计师们也许会成为资本市场参与者的"救命稻草"。

综上所述,从两方面的分析可知审计师身份特征的价值和作用还需要进一步分析与检验。本章将以上两方面分别归纳为声誉昭示假设和机会主义假说,下面将对其进行分析,并据此展开实证检验。

6.2 声誉昭示假说与机会主义假说

理论而言,身份特征影响审计师行为可能通过两种渠道:其一,审计师获得身份是社会对其职业声誉、审计品质普遍认同的结果,审计师获得身份后也会珍惜这种稀缺而且宝贵的荣誉,结果使其在执业过程中更加谨慎、尽责或勤勉以维护该荣誉。因此,因身份特征产生的行业荣誉昭示着审计师执业中具有更高的审计质量。相应地,审计收费也因社会荣誉进一步提升。其二,审计师作为资本市场参与者,也具有天生的利己动机。对审计师而言,追求审计收入的增加需要依赖于更高的审计声誉和审计质量,但提升审计服务质量所招致的审计成本可能大于由此带来的经济收益。从理性经济人的角度来说,审计师缺乏内在驱动力去提高自身业务质量。而且,提供低质量审计服务的审计师面临审计处罚风险时,具有身份特征的审计师对于逃避监管有更强的侥幸心理。另外,对于被审计客户而言，具有行业身份的审计师在行政审批、资源获取、监管处理中处于优势地位，有更强的动力与审计师合谋。因此，在制度不健全、制度干预经济严重的环境中，行业身份诱发审计师机会主义行为的可能性更大（Khwaja and Mian, 2005；Faccio, 2006；Claessens et al., 2008）。基于此路径分析，具有身份特征的审计师所审计客户的会计信息质量更低、更容易出现违规事件等。审计师从事机会主义行为会存在较大的违规处罚以及潜在的名誉损失风险，作为一种风险补偿，被审计客户需要向审计师支付更高的审计费用。

基于以上分析，本书提出了声誉昭示假说和机会主义假说。声誉昭示假说是指，获得身份特征的审计师往往是审计行业的佼佼者，其身份特征往往代表着更高的独立性和可信度，凝结着其在行业的声誉。审计师身份特征是监管机构、机关部门等授予行业内专家、精英的荣誉，是对审计师专业素质、执业能力和行业贡献的一种认可。因此，身份特征昭示着审计师的职业声誉，从而可以为其在未来获得更多的市场，也可以收取较高的审计收费。并且，身份特征所昭示的职业声誉对审计师具有激励和约束作用，导致该类审计师审计的公司会计信息质量更高，出现违规的概率更低。机会主义假说是指，具有身份特征的审计师为了追求利润最大化，在社会身份的掩盖下故意歪曲会计信息或者为不真实的财务报告提供保证，以这类低成本方式招揽更多的审计客户，提高业务收入。同时，具有身份特征的审计师因为有良好的社会关系，易于在行政审批、资源获取中占得先机，从而受到客户的青睐，并以此收取较高的审计收费。

6.3 理论分析与研究假设

6.3.1 审计师身份特征对审计收费的影响

审计收费一直是审计研究中的重要维度，从 Simunic（1980）的研究开始，国内外学者对各种影响审计收费的因素进行了讨论，主要包括成本因素和风险因素对其的影响。在声誉昭示假说和机会主义假说下，审计师由社会身份获得的身份特征也会影响到审计收费水平。一方面，审计师社会身份昭示着审计师的执业声誉。首先，社会身份的审计师往往是行业佼佼者，其社会头衔代表着更高的独立性和可信度，凝结着其在行业的声誉，因而，具有社会身份的审计师常常成为企业优先聘请的对象，特别对于代理成本较高的公司而言更需要通过高声誉审计师以降低代理成本。审计市场对于具有社会身份审计师需求的上升必将提升该类审计师的审计收费水平。事实上，很多研究均表明良好声誉可以为审计师在收费过程中带来一定程度的溢价（Ferguson et al., 2002；Francis et al., 2005；Choi et al., 2008，王杏芬，2015）。其次，社会身份作为审计市场的稀缺资源，也将成为审计师执业过程中自身珍惜的对象，因此，审计师为了维护自身良好的职业形象，将投入更多的人力和物力，从而维持高质量的执业水准，由此导致审计成本升高，较高的审计成本需要通过审计收费溢价进行补偿（Craswell et al., 1995；李连军和薛云奎，2007；吴秋生和王婉婷，2019）。因此，从声誉昭示角度分析，社会身份将导致审计师审计收费更高。

另一方面，具有机会主义倾向的审计师为了追求低成本获取更多审计客户，会借助于社会身份的掩饰作用与客户进行合谋。在机会主义心理下，社会身份会使审计师产生错觉，会侥幸地以为凭借社会影响力能够逃脱监管惩处，并进而可能采取机会主义行为。在发展不完善的市场经济环境中，企业热衷于寻求社会资本获取超额收益（Krueger，1974；Hellman et al., 2003；Chen et al., 2011）。作为一种企业与社会各方之间联系纽带的审计师社会身份可以吸引更多的具有审计合谋动机的客户，导致需求大于供给，进而使社会身份审计师的审计收费更高。此外，社会身份审计师误以为能够通过自身的社会身份帮助企业绕过行政监管门槛，降低违规、违法行为造成的处罚成本。但审计师也会承担相应的风险，特别是审计失败后的金额赔偿风险和社会声誉损失风险，作为对于审计师所承担风险的补偿，审计师会向被审计企业收取更高的审计费用。也就是说，在市场不完善的情况下，审计师社会身份在为审计客户提供便利的过程中也将使自身获利（张奇峰，2005；Yang，2013）。并且，我国审计师面临的实际法律诉讼风险很低，更可能为了追逐经济利益而丧失独立性（DeFond et al., 2000；Chan et al., 2006；Wang et al., 2008），从而导致该类审计师借助于社会身份从事机会主义行为的概率加大。因此，审计师社会身份可为审计师带来较高的审计收费。

综上所述，无论是从声誉昭示还是从机会主义进行分析，社会身份均可使审计师获取更高的审计收费。据此，提出如下假设：

H6-1：审计师身份特征级别越高，审计收费越高。

6.3.2 机会主义与声誉昭示的辨识

然而，以上分析并没有区分出审计师身份特征到底是一种机会主义，还是一种声誉昭示，需要做进一步的分析以确定审计师身份特征对审计师行为的影响。

6.3.2.1 声誉昭示假说

通常情况下，审计师获得身份特征的前提是该审计师具有行业内声誉卓著的地位[①]，换句话说，审计师获得身份是社会对其职业声誉普遍认同的结果。由于社会身份的稀缺性，审计师获得社会身份之后，也将珍惜这种社会身份，其结果导致执业行为更加谨慎、尽责或勤勉，通过审计质量的维持与提升，避免因审计失败造成对职业声誉的损害，进而避免社会身份的丧失。进一步分析，社会头衔的公开透明性将导致具有社会身份的审计师更有动力提高审计质量，以维护来自社会认可的信任声誉（陈辉发等，2012）。因此，审计师因社会身份产生的社会身份特征昭示着审计师具有更高质量的审计行为或审计结果。此外，高质量审计能够有效发挥外部治理功能，规范上市公司行为，降低上市公司出现违规的可能性。

基于以上关于声誉昭示假说的推理，可以预期，具有身份特征审计师的审计质量更高，经其审计的客户会计信息质量更高。在社会身份信息为公开信息时，投资者对具有身份特征审计师审计的会计信息的反应程度也更强烈，相应地，盈余反应系数（ERC）更高。而且，被审计企业出现违规的可能性也更小。据此，提出如下假设：

H6-2a：审计师身份特征级别越高，被审计客户的会计信息质量越高。

H6-2b：审计师身份特征级别越高，被审计客户的盈余反应系数（ERC）越高。

H6-2c：审计师身份特征级别越高，被审计客户的违规概率越低。

6.3.2.2 机会主义假说

按照 Williamson 对机会主义的定义，机会主义是在歪曲信息的基础上追求利润的利己主义。即经济人会有目的、有策略地利用信息优势，对信息加以筛选和扭曲，借助不正当的手段谋取自身的利益（Baiman and Rajan，2002）。会计师事务所是以营利为目的，具有经济人天生的自利动机（杨世信等，2020）。审计师有动机占据更多的客户资源，进而获取更多的审计收入，但占据更大的审计市场份额，意味着需要更高的审计质量，而提高审计质量必然会带来审计成本的提升。在机会主义假说下，审计师侥幸地认为社会身份可以帮助其掩盖违法行为，进而为客户和自己谋取超额利益，因而审计师身份特征可能成为审计师自身机会

[①] 例如，在2009年4月修订的《中国证券监督管理委员会发行审核委员会办法》中规定："发行审核委员必须熟悉证券、会计业务及有关的法律、行政法规和规章；精通所从事行业的专业知识，在所从事的领域内有较高的声誉。"

主义行为的动机。具体来说，对于审计师而言，当审计师因审计质量低下面临监管机构处罚或法律诉讼时，审计师会误认为可以利用其身份特征进行机会主义活动从而降低自身被处罚或起诉的概率，这将反作用于审计师的执业行为，导致其忽视审计质量的提升，有时甚至通过降低审计质量来节约审计成本。对于被审计客户而言，需要社会身份的审计师来增加虚假财务报告的可信度，因而具有身份特征的审计师可能被同样有机会主义动机的审计客户俘获，审计师的社会身份遂成为这些企业掩盖虚假财务报表信息的一种方式，并由此形成了审计师与客户之间的合谋关系。例如，一些研究表明，担任发行审核委员会委员的审计师更可能使其客户通过发行审核委员会审核，成功进行 IPO，并且使会计师事务所自身获利（王兵和辛清泉，2009；李敏才和刘峰，2012；Yang，2013）。因此，经过具有社会身份审计师审计的会计信息质量更低，或者说具有社会身份的审计师对低质量会计信息的容忍度更高。当审计师具有社会身份时，对被审计客户违规行为容忍度也更高，企业出现违规的概率也更高。

综合以上分析，相对于无社会身份的审计师，经过具有社会身份的审计师审计的客户会计信息质量更低。由于社会身份信息为市场公开信息，因此，投资者对经社会身份审计师审计的企业会计信息的反应程度也更低，盈余反应系数（ERC）更低。而且，该类企业出现违规的概率更高。据此，提出如下假设：

H6-3a：审计师身份特征级别越高，被审计客户的会计信息质量越低。

H6-3b：审计师身份特征级别越高，被审计客户的盈余反应系数（ERC）越低。

H6-3c：审计师身份特征级别越高，被审计客户的违规概率越高。

6.4 样本选择与模型设定

6.4.1 样本选取

本书以 2006~2017 年 A 股上市公司为初始研究样本，以 2006 年为研究起始年度，是因为新会计准则于该年度年初颁布，审计师风险态度与审计行为较之前有所变化，剔除金融行业样本公司后，最终得到研究样本 25241 个。研究中由于各部分所涉及变量缺失情况不同导致各部分检验的样本量存在一些差异（见

表6-1）①：①检验审计收费时，主要由于控制变量缺失导致样本量减少2699个，最终得到研究样本22542个；②检验会计信息应计质量时，由于衡量应计的变量缺失导致该部分样本减少2459个，最终得到该部分研究样本22782个；③检验盈余反应系数时，主要由于未预期盈余变量和控制变量缺失导致样本减少2815个，最终得到样本22426个；④检验公司违规行为时，剔除没有给予最后处罚结果的样本以及由中国证监会、证交所以外部门处罚的样本1343个，最终得到样本23898个。本书中数据绝大部分来自CSMAR国泰安数据库，最终控制人性质数据来自CCER经济金融研究数据库。

表6-1 样本选取过程　　　　　　　　　　　　　　单位：个

初始样本	25241
审计收费分析部分	
剔除控制变量缺失样本	(2699)
最终样本	22542
会计信息质量分析部分	
剔除应计变量缺失样本	(2459)
最终样本	22782
盈余反应系数分析部分	
剔除未预期盈余变量及控制变量缺失样本	(2815)
最终样本	22426
被处罚概率分析部分	
剔除最终未予处罚及非"一会两所"处罚样本	(1343)
最终样本	23898

审计师身份特征数据通过手工收集整理，具体而言，主要通过查阅中国证券监督管理委员会、中国注册会计师协会的官方网站②、会计师事务所官方网站以及财经信息门户网站等获得。研究中将审计师社会身份界定为会计师事务所合伙人层面，包括权益合伙人、管理合伙人、授薪合伙人等。究其原因，事务所合伙人掌握着事务所的经营决策权，影响着事务所客户承接、审计定价、审计意见发表等重要执业环节，相对于事务所其他从业人员，具有更重要的决策地位。合伙人名单通过中国注册会计师行业管理信息系统查询获得，考虑到合伙人可能在事务所之间发生流动，研究中对事务所与合伙人对应关系进行了相应调整。

---

① 类似的样本处理方式可参见许年行等（2013）的研究。
② 详见http：//www.csrc.gov.cn/pub/newsite/，http：//www.cicpa.org.cn/。

6.4.2 审计师身份特征的衡量

参照现有文献关于社会身份的分类方法（胡旭阳，2006；余明桂和潘红波，2008；雷光勇等，2009；潘克勤，2009；吴文峰等，2009；邓建平和曾勇，2009；杜兴强等，2010），本书把审计师社会身份分为三类（见表6-2）。第一类是基本类社会身份特征，即审计师的年龄、审计师的性别、审计师在会计师事务所内担任的职务；第二类是专业类社会身份特征，即审计师的学历层次、审计师本科阶段所学的专业、审计师首次获得注册会计师证书的时间；第三类是荣誉类社会身份特征，即审计师当前或曾经获得各级荣誉称号或表彰等。

表6-2 审计师身份特征的分类

基本身份特征	专业类身份特征	荣誉类身份特征
年龄	学历层次	高级荣誉
性别	所学专业	中级荣誉
所内职务	证书注册时间	一般荣誉

由于不同社会身份级别对审计师行为的影响力不同，本书继续按照重要程度、类型级别等对不同社会身份指标赋予一定权重。具体而言，每一大类指标赋予相等的权重，对于细分指标有所区分，例如，对年龄指标按照年龄数值来赋值，表明年龄越大，理论上专业可信度更高；按照惯例，将性别指标按照女性赋值为0，男性赋值为1；所内职务，将总分所所长赋值为5，总分所副所长或合伙人赋值为4，项目经理赋值为3，高级经理赋值为2，其余赋值为1，以表明不同职务层级所表征的社会身份；学历层次，将博士赋值为3，硕士赋值为2，本科及以下赋值为1；所学专业，将财会类专业赋值为3，金融经济类专业赋值为2，其他专业赋值为1，既能够代表审计师的专业背景强弱，也代表审计师在行业内的校友资源；证书注册时间，采用注册会计师资格证书注册年份距离样本年份的年数来表示，表明在注册会计师行业的从业年限长短方面的身份特征；荣誉类身份特征，按照获奖层级进行赋值，高级荣誉赋值为3，中级荣誉赋值为2，一般荣誉赋值为1。最后，逐年累计汇总加1后取对数，得到了衡量每个会计师事务所不同年份社会身份级别的综合指标。

6.4.3 模型设定和变量说明

参照现有文献关于身份特征的衡量方法（胡旭阳，2006；余明桂和潘红波，

2008；雷光勇等，2009；潘克勤，2009；吴文峰等，2009；邓建平和曾勇，2009；杜兴强等，2010），由于不同社会级别的影响力不同，按照重要程度、社会级别等对不同社会身份指标赋予一定权重。具体而言，中央、省、区或市级权重为3；市级权重为2；县、乡、镇级权重为1。最后，逐年累计汇总加1后取对数，得到了衡量每个会计师事务所不同年份社会身份级别的综合指标Socialidentity。该数值越大，则表示拥有社会身份数量越多或层级越高。表6-3汇总了本章使用的所有研究变量，具体变量名称和定义如下：

表6-3　审计师身份特征与审计收费实证研究的变量定义

变量类型	变量名称	变量符号	定义
被解释变量	审计收费	Lnfee	公司当年审计收费的自然对数
	应计质量	|DA|	采用修正琼斯模型计算的可操控性应计绝对值
	累计超额回报	CAR	使用市场模型（Market Model）计算的年报公布后特定时间窗口内累计超额回报率
	违规与否	Violate	公司当年是否违规的哑变量，违规则为1
解释变量	审计师身份特征程度	Socialidentity	审计师身份特征程度变量
控制变量	公司规模	Lnassets	公司总资产的自然对数
	资产负债率	Leverage	公司资产负债率
	盈利能力	Roa	公司总资产收益率
	亏损与否	Loss	公司上一年度是否存在亏损，亏损则为1
	存货周转率	Invratio	公司的存货占总资产的比例
	应收账款周转率	Recvratio	公司应收账款占总资产的比例
	交叉上市	Cross	公司是否同时发行B股或H股，是则为1
	公司年限	Age	公司上市年限
	两职合一	Duality	公司董事长与总经理是否为同一人的变量，是则为1
	独立董事规模	Independent	公司独立董事占董事总人数的比例
	董事会议次数	Meeting	公司召开董事会议的次数
	公司注册地	Location	公司注册地所在城市，其中，西部=1、中部=2、东部=3
	审计意见类型	Opinion	公司年报审计意见类型，标准审计意见=1

续表

变量类型	变量名称	变量符号	定义
控制变量	四大与否	Big4	四大与非四大事务所哑变量，四大=1
	事务所规模	Income	事务所当年在资本市场中的审计业务收入总和
	现金流	CFO	公司当年的现金流量
	账面市值比	BM	公司当年的账面价值与市场价值的比例
	公司成长性	Growth	公司主营业务增长幅度
	不可操控应计	Nda	不可操控性应计的数额
	未预期盈余	UE	公司当年的实际收益率与去年的收益率之间的差额

6.4.3.1 审计师身份特征的价值

$$\begin{aligned}
LnFee = &\alpha + \beta_1 \times Socialidentity + \beta_2 \times Lnassets + \beta_3 \times Leverage + \beta_4 \times Roa + \beta_5 \times Loss + \\
&\beta_6 \times Invratio + \beta_7 \times Recvratio + \beta_8 \times Cross + \beta_9 \times Age + \beta_{10} \times Duality + \\
&\beta_{11} \times Independent + \beta_{12} \times Meeting + \beta_{13} \times Location + \beta_{14} \times Opinion + \\
&\beta_{15} \times Big4 + \beta_{16} \times Income + \beta_{17} \times Subsidy + \beta_{18} \times Totpartner + \beta_{19} \times Audage + \\
&\beta_{20} \times Sumemployer + \beta_{21} \times Totdr + \beta_{22} \times Totmaster + \beta_{23} \times Totbanchelor + \\
&\beta_{24} \times Age40 + \beta_{25} \times Csrcidentity + \sum \eta \times Industry + \sum \theta \times Year + \varepsilon
\end{aligned} \quad (6-1)$$

模型（6-1）中被解释变量 LnFee 为审计收费的自然对数，解释变量 Socialidentity 为审计师身份特征的衡量指标，回归系数 β_1 代表审计师身份特征对审计收费的影响。根据此前关于审计收费的相关研究，例如，Simunic（1984）、Craswell 等（1995）、Larcker 和 Richardson（2004）等的研究，模型（6-1）引入的控制变量包括被审计客户、会计师事务所特征等。具体而言，LnAssets 为总资产自然对数；Leverage 为资产负债率；Roa 为总资产收益率；Loss 为前期盈余是否为亏损的哑变量，若亏损则取值为 1，否则为 0；Invratio 为存货占总资产的比重；Recvratio 为应收账款占总资产的比重；Cross 为公司是否同时发行 B 股或者 H 股的哑变量，若是则取值为 1，否则为 0；Age 为公司上市年限；Duality 为两职合一哑变量，若董事长与总经理由一人担任则取值为 1，否则为 0；Independent 为公司独立董事人数；Meeting 为董事会会议次数；由于我国审计收费水平存在地区差异（耿建新等，2009），各地区的事务所收费标准是由国家各级财政部门与物价管理部门等共同协商制定的，审计定价往往与当地的经济发展程度密切相关，因而还加入了被审计公司所在公司注册地（Location），该变量取值为 1 时代表西部，2 代表中部，3 代表东部；Opinion 为审计意见哑变量，如果为标准无保留审计意见则为 1，无保留加事项段为 2，保留意见为 3，保留意见加事项段为4，无法表示意见为5；Big4为审计师是否为国际四大会计师事务所哑变量，如果是则取值为1，否则为0；由于审计收费与事务所规模有关，引入了事务所年度事务所规模（Income）。此外，本书假设还可能受到审计师其他特征的影响，这些特征可能既会影响审计收费、审计质量，又同时影响审计师是否能够获得社会身份。因此，在涉及审计收费和审计质量的回归中均加入了审计师其他特征变量，包括会计师事务所分所数量（Subsidy）、合伙人总人数（Totpartner）、会计师事务所成立年限（Audage）、雇员总数（Sumemployer）、博士人数（Totdr）、硕士人数（Totmaster）、学士人数（Totbanchelor）、40岁以下的员工人数（Age40）；此前研究均发现了审计师拥有的兼职顾问身份与审计收费和审计质量的相关关系，为排除该种社会身份的影响，加入了兼职顾问身份变量（Csrcidentity）；模型还控制了年度（Year）和行业（Industry）固定效应。

6.4.3.2 昭示声誉与机会主义的辨识

为了辨识审计师身份特征的收费溢价是昭示声誉还是机会主义的原因，即验证H6-2a、H6-2b、H6-2c、H6-3a、H6-3b、H6-3c，设定如下模型：

$$|DA| = \alpha + \beta_1 \times Socialidentity + \beta_2 \times CFO + \beta_3 \times BM + \beta_4 \times Location + \beta_5 \times Cross + \beta_6 \times Age + \beta_7 \times Lnassets + \beta_8 \times Leverage + \beta_9 \times Roa + \beta_{10} \times Loss + \beta_{11} \times Duality + \beta_{12} \times Independent + \beta_{13} \times Meeting + \beta_{14} \times Invratio + \beta_{15} \times Recvratio + \beta_{16} \times Big4 + \beta_{17} \times Opinion + \beta_{18} \times Income + \beta_{19} \times Subsidy + \beta_{20} \times Totpartner + \beta_{21} \times Audage + \beta_{22} \times Sumemployer + \beta_{23} \times Totdr + \beta_{24} \times Totmaster + \beta_{25} \times Totbanchelor + \beta_{26} \times Age40 + \beta_{27} \times Csrcidentity + \sum \eta \times Industry + \sum \theta \times Year + \varepsilon \tag{6-2}$$

模型（6-2）用于检验审计师身份特征与被审计客户的会计信息质量之间关系，即H6-2a和H6-3a。被解释变量|DA|为修正琼斯模型计算的操控性应计绝对值（Dechow et al.，1995），解释变量为社会身份程度（Socialidentity），如果回归系数β_1显著不等于零，则表明审计师社会身份影响审计质量。根据已有研究，经营性现金流量会影响应计盈余（Dechow，1995；Francis and Wang，2008），因此模型中引入经营性现金流量的对数值（CFO）；引入公司账面市值比（BM）（Menon and Williams，2004；Hribar and Nichols，2007）；公司规模同样影响盈余质量（Becker et al.，1998），引入公司规模变量（Lnassets）；由于前期亏损与否与应计盈余相关（Francis and Yu，2009），需要控制是否亏损的虚拟变量（Loss）；高经营杠杆公司更可能通过盈余操纵应对债务风险（Francis and Wang，2008），故引入公司杠杆率（Leverage）；模型中其余变量定义如模型（6-1）

所示。

模型（6-3）用于检验身份特征对于盈余反应系数（ERC）的影响，即 H6-2b 和 H6-3b。盈余反应系数为累计超额回报与未预期盈余之间的系数（Collins and Kothari，1989），它代表着投资者感知到的审计质量（Ghosh and Moon，2005），也表明投资者对财务报告信息的认可程度。在模型中，CAR 为使用市场模型（Market Model）计算的年报公布后特定时间窗口内累计超额回报率；UE 为未预期盈余的值，它等于当期实际盈余（EPS）与预期盈余的差额并除以年报披露日前一个交易日当天的收盘价格，预期盈余采用上年度实际盈余替代。类似于 Teoh 和 Wong（1993）的研究，社会身份与未预期盈余之间交互项（Politcon×UE）用于捕捉审计师社会身份对盈余反应系数的影响，如果交叉项回归系数 β_3 显著为正，则表明审计师社会身份能提高投资者可感知的审计质量，或者说投资者对经具有社会身份的审计师审计的会计信息质量更加认可。同时，我们还根据 Francis 和 Ke（2006）、Collins 和 Kothari（1989）和 Teoh 和 Wong（1993）的研究，加入了公司规模、成长性或风险特征等方面控制变量。变量定义同前述。

$$\begin{aligned}
CAR = & \alpha + \beta_1 \times Socialidentity + \beta_2 \times UE + \beta_3 \times Socialidentity \times UE + \beta_4 \times BM + \\
& \beta_5 \times Growth + \beta_6 \times Cross + \beta_7 \times Age + \beta_8 \times Lnassets + \beta_9 \times Leverage + \beta_{10} \times Income + \\
& \beta_{11} \times Invratio + \beta_{12} \times Recvratio + \beta_{13} \times Roa + \beta_{14} \times Duality + \beta_{15} \times Independent + \\
& \beta_{16} \times Meeting + \beta_{17} \times Big4 + \beta_{18} \times Opinion + \beta_{19} \times Loss + \beta_{20} \times Subsidy + \\
& \beta_{21} \times Totpartner + \beta_{22} \times Audage + \beta_{23} \times Sumemployer + \beta_{24} \times Totdr + \\
& \beta_{25} \times Totmaster + \beta_{26} \times Totbanchelor + \beta_{27} \times Age40 + \beta_{28} \times Csrcidentity + \\
& \sum \eta \times Industry + \sum \theta \times Year + \varepsilon
\end{aligned} \quad (6-3)$$

模型（6-4）用于检验审计师身份特征对被审计客户违规行为的影响，即 H6-2c 和 H6-3c。模型中被解释变量 Violate 表示上市公司是否存在违规行为的虚拟变量，即公司是否受到中国证监会、上交所、深交所等部门的处罚。如果模型（6-4）中 β_1 显著为负，说明具有身份特征的审计师与上市公司违规行为显著负相关。根据此前文献的研究（许年行等，2013；司茹，2013），模型中加入了其他影响公司违规行为的控制变量，包括公司财务、公司治理特征等，变量定义如前。

$$\begin{aligned}
Violate = & \alpha + \beta_1 \times Socialidentity + \beta_2 \times BM + \beta_3 \times Growth + \beta_4 \times Age + \beta_5 \times Lnassets + \\
& \beta_6 \times Leverage + \beta_7 \times Roa + \beta_8 \times Invratio + \beta_9 \times Recvratio + \beta_{10} \times Duality + \\
& \beta_{11} \times Independent + \beta_{12} \times Meeting + \beta_{13} \times Big4 + \beta_{14} \times Opinion + \beta_{15} \times Loss + \\
& \beta_{16} \times Income + \beta_{17} \times Cross + \beta_{18} \times Subsidy + \beta_{19} \times Soe + \sum \eta \times Industry + \\
& \sum \theta \times Year + \varepsilon
\end{aligned} \quad (6-4)$$

6.5 实证检验

6.5.1 描述性统计

表6-4列示了主要变量的描述性统计结果,所有连续变量进行了1%和99%水平的Winsorize处理。由该表可以看出,会计师事务所社会身份(Socialidentity)最大值可达到3.040,最小值为0,标准差为1.040,说明事务所在身份特征程度上仍具有一定差异性。身份特征程度均值为1.460,中位数为1.390,均值略大于中位数,但左偏程度不大。另外,从上市公司违规行为看,共有8%的公司出现了违规行为(Violate 的均值为0.08),类似地,Opinion 的均值为1.080,中位数为1,说明大部分上市公司都获得了标准无保留意见。操控性应计的绝对值|DA|的均值为0.060,但小于标准差0.070,离散度不大,这与前人的研究保持一致。

表6-4 描述性统计

变量	均值	中位数	最小值	最大值	标准差
Lnfee	13.450	13.370	12.210	15.610	0.630
Socialidentity	1.460	1.390	0	3.040	1.040
Location	2.510	3	1	3	0.750
Lnassets	91.59	27.810	2.240	1619	219.500
Opinion	1.080	1	1	5	0.400
Cross	0.070	0	0	1	0.250
Age	3.530	3.310	0.050	8.700	2.350
Leverage	0.450	0.450	0.0500	0.990	0.220
Invratio	0.160	0.120	0	0.750	0.150
Recvratio	0.110	0.080	0	0.450	0.100
Roa	0.040	0.040	−0.210	0.200	0.060
Duality	0.240	0	0	1	0.420
Indbdratio	0.570	0.500	0.220	1.500	0.230
BM	0.870	0.590	0.080	4.680	0.830

续表

变量	均值	中位数	最小值	最大值	标准差
Growth	0.480	0.130	−0.740	11.550	1.510
Loss	0.090	0	0	1	0.290
Independent	0.370	0.330	0.300	0.570	0.050
Meeting	2.300	2.300	1.610	3.180	0.330
CFO	0.040	0.040	−0.250	0.250	0.080
Income	1.310	0.810	0.030	5.810	1.360
Subsidy	22.03	23	3	40	10.010
Totpartner	1.390	1.470	0.160	3.540	0.960
Audage	5.170	1.510	−2.180	38.080	10.660
Sumempolye	32.74	34.38	0.360	83.070	22.560
Totdr	1.450	1	0	5	1.650
Totmaster	3.270	3.180	0.690	4.950	0.860
Totbanchel	5.160	5.260	2.640	6.480	0.820
Age40	1.900	1.550	0.060	6.960	1.840
Big4	0.060	0	0	1	0.230
Csrcidentity	1.910	1.950	0	3.530	1.180
Car(−1,1)	0.010	0	−0.150	0.190	0.050
Car(−2,2)	0.010	0	−0.170	0.280	0.060
Car(−3,3)	0.010	0	−0.190	0.320	0.070
Ue	0	0	−0.200	0.130	0.040
Violate	0.080	0	0	1	0.280
|DA|	0.060	0.040	0	0.340	0.070
Da_Dechow	0	0	−0.220	0.270	0.080
Bigcity	0.740	1	0	1	0.440
Politavg	1.460	1.770	0	2.460	0.700

6.5.2 审计师身份特征的价值回归分析

表6-5报告了H6-1的回归检验结果。在第（1）列所示的全样本回归中，解释变量Socialidentity的回归系数显著为正，说明审计师身份特征的确能给审计

师带来收费溢价。该变量回归系数值为 0.018,表明每增加 1 单位的社会身份程度值,审计师就能额外获得 2% 的边际收费溢价($e^{0.036}-1=0.02$)。这一结果与本书对 H6-1 的预期一致,同时也揭示了审计师身份特征的重要经济意义。为了进一步分析上述实证发现在不同规模事务所之间是否存在差异,将国际四大和国内四大会计师事务所作为较大规模事务所(TOP),其余作为小规模事务所(非TOP),分组进行回归,具体结果见表 6-6 中的第(2)列和第(3)列。可以发现,在小规模事务所当中,社会身份带来的收费溢价效应并不明显。这可能主要是由于在小规模事务所中,具有社会身份的合伙人人数较少。

表 6-5 审计师身份特征与审计收费

变量	(1) Lnfee 全样本	(2) Lnfee TOP	(3) Lnfee 非 TOP
Socialidentity	0.018*** (2.91)	0.106*** (6.99)	-0.009 (-1.18)
Income	-0.003 (-0.64)	0.059*** (5.88)	0.046** (2.41)
Location	0.085*** (20.57)	0.084*** (12.99)	0.080*** (15.16)
Lnassets	0.001*** (48.40)	0.001*** (39.22)	0.002*** (25.18)
Opinion	-0.030*** (-2.75)	-0.053*** (-2.66)	-0.008 (-0.65)
Cross	0.185*** (11.66)	0.189*** (9.58)	0.190*** (7.49)
Age	0.010*** (6.42)	0.007*** (2.85)	0.013*** (6.23)
Leverage	0.607*** (33.23)	0.770*** (27.27)	0.471*** (19.76)
Invratio	-0.097*** (-3.85)	-0.216*** (-5.57)	-0.012 (-0.39)
Recvratio	-0.132*** (-4.00)	-0.321*** (-6.53)	0.017 (0.39)

续表

变量	(1) Lnfee 全样本	(2) Lnfee TOP	(3) Lnfee 非TOP
Roa	0.796***	0.854***	0.695***
	(12.72)	(8.50)	(9.01)
Duality	-0.042***	-0.050***	-0.035***
	(-6.10)	(-4.79)	(-3.83)
Independent	-0.124***	-0.146***	-0.111***
	(-9.08)	(-6.69)	(-6.45)
Subsidy	-0.009***	-0.191***	-0.010***
	(-11.22)	(-4.27)	(-9.50)
Totpartner	-0.027**	1.541***	0.013
	(-2.43)	(3.43)	(0.75)
Audage	-0.004***	0.099***	0.001
	(-2.97)	(2.99)	(0.59)
Sumempolyer	0.003***	0.048***	0.004***
	(5.70)	(4.30)	(4.12)
Totdr	0.021***	0.316***	0.007
	(5.41)	(3.96)	(0.95)
Totmaster	0.013	-1.216***	0.066***
	(1.20)	(-3.01)	(3.86)
Totbanchelor	0.004	-3.049***	-0.012
	(0.37)	(-3.45)	(-0.62)
Age40	0.028**	0.024*	-0.033*
	(2.37)	(1.93)	(-1.96)
Big4	0.426***	—	—
	(15.03)		
Loss	-0.060***	-0.039**	-0.065***
	(-5.31)	(-2.25)	(-4.55)
Csrcidentity	0.015***	-0.069***	0.037***
	(2.73)	(-5.07)	(5.70)
Constant	12.584***	32.905***	12.586***
	(226.03)	(5.56)	(191.80)

续表

变量	（1） Lnfee 全样本	（2） Lnfee TOP	（3） Lnfee 非TOP
年度/行业	控制	控制	控制
N	22542	10414	12128
Adjusted R^2	0.525	0.579	0.430

注：①括号中为t值；②***、**和*分别表示在1%、5%和10%水平上显著；③所有检验结果进行了Huber-White异方差修正。若无特别说明，下同。

在控制变量方面，被审计单位的规模（Lnassets）、资产负债率（Leverage）、董事会议次数（Meeting）、是否交叉上市（Cross）、前期是否亏损（Loss）、上市年限（Age）、资产收益率（Roa）等因素在三组回归中均显著为正，这一结果与前人研究结果一致（Simnuic，1980）。地区变量（Location）取值越高，审计收费水平也越高，即越发达的地区审计收费越高，这反映出我国审计收费在各地区之间存在差异的实际情况。存货变量（Invratio）、应收账款变量（Recvratio）、两职合一变量（Duality）系数显著为负，说明审计风险越小，收费也越低。在衡量事务所自身特征的变量方面，事务所所有雇员人数变量（Sumempolyer）均与收费溢价水平显著正相关，这与经典文献的结论一致（Francis，1984；Palmrose，1986）。事务所分支机构数量（Subsidy）与审计收费溢价负相关，表明规模效应带来的成本降低，而事务所取得证期资格的年限、人员学历结构等特征对审计收费的作用并不一致。会计师事务所合伙人拥有的兼职顾问变量（Csrcidentity）在全样本回归中与审计收费显著正相关，这与王兵和辛清泉（2009）、Yang（2013）的研究结论吻合，认为兼职顾问等身份因能满足客户的机会主义合谋需求而带来了收费溢价。

6.5.3 辨识声誉昭示或机会主义的回归分析

6.5.3.1 被审计客户的会计信息质量分析结果

表6-6列示了H6-2a和H6-3a的回归结果。应计绝对值|DA|与解释变量Socialidentity的回归系数并不显著，但采用Dechow-Dichev（2002）模型计算的可操控应计与解释变量显著负相关，表明审计师社会身份能提高审计质量，审计师社会身份程度越高，可操控性应计绝对值越小，审计质量越好，即验证了H2-1。此外，为检验审计师社会身份对不同方向应计的影响程度，将修正琼斯

模型计算的操控性应计区分为正向（DA>0）和负向（DA<0）两组分别进行回归，发现审计师社会身份对正向的操控性应计有显著降低作用，而对负向的操控性应计则没有显著影响。这一结果存在合理性，因为正向的盈余操纵使审计师面临的诉讼风险更大，审计师会更加关注正向应计（于李胜和王艳艳，2010）。总体而言，表6-4的回归结果支持了H6-2a，表明审计师社会身份昭示着更高的审计质量。

表6-6 审计师身份特征与会计信息质量

变量	(1)	(2)	(3)	(4)
	修正的Jones模型			Dechow-Dichev模型
	|DA|	DA>0	DA<0	DA
Socialidentity	-0.001	-0.002**	-0.000	-0.001**
	(-0.72)	(-2.52)	(-0.01)	(-2.30)
CFO	-0.211***	-0.861***	-0.718***	-0.922***
	(-18.57)	(-77.34)	(-45.45)	(-147.63)
BM	-0.013***	-0.001*	0.009***	0.001
	(-17.20)	(-1.68)	(10.90)	(1.03)
Income	0.003***	0.002***	-0.001	0.000
	(4.43)	(3.01)	(-1.24)	(0.86)
Location	0.001**	-0.001	-0.001*	-0.001***
	(2.10)	(-1.30)	(-1.67)	(-2.70)
Lnassets	0.000	0.000***	0.000***	0.000***
	(0.63)	(3.40)	(2.94)	(7.28)
Cross	-0.006***	-0.003*	-0.004*	-0.005***
	(-3.01)	(-1.92)	(-1.91)	(-3.70)
Age	0.000	-0.000**	-0.000**	-0.000***
	(0.93)	(-2.25)	(-2.33)	(-2.94)
Leverage	0.049***	0.018***	-0.040***	-0.009***
	(15.60)	(5.41)	(-10.49)	(-3.16)
Invratio	0.013***	-0.025***	-0.007	-0.028***
	(3.01)	(-6.48)	(-1.60)	(-8.60)
Recvratio	0.001	-0.013***	-0.010*	-0.034***
	(0.14)	(-2.95)	(-1.77)	(-9.34)

续表

变量	(1) 修正的Jones模型 |DA|	(2) 修正的Jones模型 DA>0	(3) 修正的Jones模型 DA<0	(4) Dechow-Dichev模型 DA
Roa	0.104*** (6.86)	1.004*** (48.88)	0.617*** (35.80)	0.418*** (34.92)
Duality	0.003*** (2.63)	0.001 (0.94)	-0.003*** (-3.32)	-0.001 (-1.05)
Indbdratio	0.011*** (5.54)	0.000 (0.08)	-0.009*** (-4.61)	-0.005*** (-3.21)
Subsidy	-0.000 (-0.87)	-0.000 (-0.49)	-0.000 (-0.90)	-0.000 (-0.94)
Totpartner	-0.001 (-0.41)	-0.001 (-1.17)	0.000 (0.04)	-0.000 (-0.42)
Audage	0.000 (0.11)	0.000 (1.15)	0.000 (0.57)	0.000** (2.14)
Sumempolyer	0.000 (0.20)	0.000** (2.15)	0.000 (0.97)	0.000** (2.46)
Totdr	-0.000 (-0.68)	0.000 (0.09)	0.001* (1.74)	0.000 (0.72)
Totmaster	0.001 (0.87)	0.001 (0.46)	0.002 (1.34)	0.001 (1.18)
Totbanchelor	-0.001 (-0.82)	-0.000 (-0.29)	-0.003 (-1.52)	-0.001 (-0.89)
Age40	-0.001 (-0.67)	-0.001 (-0.92)	-0.000 (-0.15)	-0.002 (-1.40)
Big4	-0.004 (-1.23)	-0.008*** (-3.03)	0.001 (0.46)	-0.006*** (-2.89)
Csrcidentity	-0.001* (-1.80)	-0.002*** (-2.87)	0.001 (1.43)	-0.000 (-0.68)
Loss	0.011*** (5.86)	-0.005** (-2.07)	-0.013*** (-8.35)	-0.009*** (-6.15)
Constant	0.051*** (5.93)	0.050*** (6.70)	0.034*** (3.73)	0.066*** (10.12)

续表

变量	(1)	(2)	(3)	(4)
	修正的 Jones 模型			Dechow-Dichev 模型
	|DA|	DA>0	DA<0	DA
年度/行业	控制	控制	控制	控制
N	22782	12588	10194	22782
Adjusted R^2	0.144	0.716	0.541	0.706

由控制变量的回归结果可知，市账比（BM）、总资产收益率（Roa）与操控性应计水平显著正相关，经营现金流（CFO）与操控性应计水平均显著负相关，这与 Becker 等（1998）、Petroni 等（2010）等的文献结果一致。

6.5.3.2 投资者对被审计客户的会计信息反应程度分析结果

表 6-7 列示了 H6-2b 和 H6-3b 的回归结果。第（1）列至第（3）列分别报告了审计师身份特征是否影响年报公布前后 1 天、2 天和 3 天等事件窗内的超额累计回报与未预期盈余之间相关性（即盈余反应系数 ERC）的检验结果。身份特征与未预期盈余交乘项（Socialidentity×UE）的回归系数在这三个事件窗内都显著为正，这意味着由于审计师社会身份的存在，导致投资者对被审计客户会计信息质量更加认可。上述检验结果使得声誉昭示假说下的 H6-2b 得到证据支持。控制变量中市账比（BM）显著为正，公司规模（Lnassets）显著为负，表明公司资产负债率、存货周转率、应收账款周转率、公司规模均对股票超额收益率有显著的解释能力，也与 Teoh 和 Wong（1993）、朱凯等（2009）的研究相符。

表 6-7 审计师身份特征与盈余反应系数

变量	(1) Car (−1, 1)	(2) Car (−2, 2)	(3) Car (−3, 3)
Socialidentity	0.001	0.000	0.000
	(0.93)	(0.54)	(0.01)
UE	0.003	−0.002	−0.015
	(0.34)	(−0.15)	(−1.06)
Socialidentity×UE	0.025***	0.028***	0.033***
	(2.87)	(2.58)	(2.65)

续表

变量	(1) Car (-1, 1)	(2) Car (-2, 2)	(3) Car (-3, 3)
BM	0.000 (0.52)	0.001 (0.82)	0.000 (0.02)
Growth	0.000 (1.57)	0.000 (1.55)	0.001 (1.60)
Cross	0.001 (0.42)	-0.001 (-0.32)	-0.001 (-0.69)
Age	-0.001*** (-5.66)	-0.001*** (-6.89)	-0.001*** (-6.19)
Lnassets	-0.000*** (-4.63)	-0.000*** (-5.43)	-0.000*** (-4.77)
Leverage	-0.011*** (-4.64)	-0.014*** (-4.85)	-0.014*** (-4.19)
Income	-0.000 (-0.66)	-0.001 (-1.10)	-0.001 (-1.33)
Invratio	0.003 (0.97)	0.004 (1.12)	0.007 (1.60)
Recvratio	0.017*** (4.23)	0.025*** (4.90)	0.030*** (5.22)
Roa	-0.026*** (-3.21)	-0.032*** (-3.08)	-0.029** (-2.44)
Duality	-0.001 (-1.23)	-0.001 (-0.56)	-0.001 (-0.80)
Independent	0.010 (1.59)	0.020** (2.48)	0.017* (1.86)
Meeting	-0.000 (-0.27)	-0.001 (-0.48)	-0.000 (-0.09)
Big4	0.004 (1.52)	0.005* (1.75)	0.004 (1.12)
Opinion	-0.005*** (-3.64)	-0.005** (-2.38)	-0.005** (-2.18)

续表

变量	(1) Car (-1, 1)	(2) Car (-2, 2)	(3) Car (-3, 3)
Loss	-0.003*	-0.002	-0.003
	(-1.95)	(-1.18)	(-1.27)
Subsidy	0.000	0.000	0.000
	(0.17)	(0.66)	(0.07)
Totpartner	0.002*	0.001	0.001
	(1.69)	(0.89)	(0.65)
Audage	-0.000	-0.000	0.000
	(-0.10)	(-0.13)	(0.29)
Sumempolyer	-0.000***	-0.000**	-0.000
	(-2.99)	(-2.09)	(-1.20)
Age40	-0.001	-0.000	-0.000
	(-0.47)	(-0.01)	(-0.15)
Totdr	-0.000	-0.000	-0.000
	(-0.63)	(-0.60)	(-0.35)
Totmaster	0.001	-0.000	-0.001
	(0.85)	(-0.25)	(-0.55)
Totbanchelor	0.002	0.001	0.001
	(1.36)	(0.62)	(0.43)
Csrcidentity	0.001*	0.002**	0.002**
	(1.81)	(2.39)	(2.43)
Constant	0.011	0.021**	0.026**
	(1.49)	(2.25)	(2.43)
年度/行业	控制	控制	控制
N	22426	22426	22426
Adjusted R^2	0.044	0.042	0.042

6.5.3.3 被审计客户的违规行为分析结果

表6-8列示了H6-2c和H6-3c的回归结果。表中第（1）列报告了使用Logit回归的结果，解释变量Socialidentity的对数优势比为-0.096（Z=-2.34）。第（2）列报告了使用Probit回归的结果，解释变量Socialidentity的系数依旧在

5%水平上显著为负。在计算边际系数后发现，审计师身份特征（Socialidentity）对违规行为的影响程度为-0.57%。以上结果说明，由具有身份特征的审计师审计的客户，其违规概率显著降低，审计师社会身份程度越高，其违规行为概率越低，这一结果也进一步验证了H6-2c，表明了审计师身份特征代表着更高的独立性，能更加有效地发挥外部治理功能。控制变量中，公司规模（Lnassets）与违规行为概率显著负相关，可能在于大型公司的公司治理机制更加完善，发生违规的可能性更低。公司前期是否亏损（Loss）与违规行为概率正相关，表明在扭亏为盈的动机下，公司更容易出现违规行为。审计意见（Opinion）与公司违规概率显著正相关，说明出现违规的公司更容易收到非标审计意见。而是否为四大事务所（Big4）与公司违规概率显著负相关，说明高质量的审计师能更好地发挥外部治理功能，降低违规可能性。

表6-8 审计师身份特征与违规概率

变量	(1) Logit（Violate）	(2) Logit（Violate）
Socialidentity	-0.096**	-0.049**
	(-2.34)	(-2.38)
Lnassets	-0.001***	-0.001***
	(-5.42)	(-5.62)
Leverage	0.884***	0.475***
	(5.66)	(5.92)
Invratio	-0.379*	-0.198*
	(-1.71)	(-1.76)
Recvratio	-0.207	-0.138
	(-0.74)	(-0.97)
Independent	0.168	0.093
	(0.37)	(0.40)
Meeting	0.763***	0.386***
	(9.83)	(9.81)
BM	0.066	0.028
	(1.61)	(1.32)
Growth	0.007	0.004
	(0.41)	(0.42)

续表

变量	(1) Logit (Violate)	(2) Logit (Violate)
Big4	-0.349**	-0.179**
	(-2.28)	(-2.47)
Cross	-0.202	-0.097
	(-1.55)	(-1.53)
Loss	0.737***	0.396***
	(10.11)	(10.19)
Opinion	0.389***	0.223***
	(7.34)	(7.42)
Age	0.013	0.008
	(1.00)	(1.23)
Income	0.067**	0.033**
	(2.02)	(1.97)
Roa	-2.765***	-1.466***
	(-5.86)	(-5.98)
Soe	-0.294***	-0.149***
	(-4.86)	(-4.88)
Subsidy	0.006**	0.003*
	(1.99)	(1.91)
Csrcidentity	-0.075*	-0.038*
	(-1.87)	(-1.83)
Constant	-5.487***	-2.916***
	(-15.91)	(-16.82)
年度/行业	控制	控制
N	23898	23898
Pesudo-R^2	0.0901	0.0913

注：括号中为 z 值。

综合而言，以上的检验结果支持了 H6-1 和声誉昭示假说下的三个假设 H6-2a、H6-2b、H6-2c。该结果表明审计师身份特征的确能够提高审计师的议价能力，获取审计收费溢价，这种审计收费溢价源于身份特征所象征的审计师声誉，而非源于机会主义的成本补偿。具体表现为，拥有身份特征的审计师不仅能

提高会计信息质量（|DA|），也能提高投资者感知的审计质量（ERC），并且与较低上市公司违规行为（Violate）相联系。因而，上述研究结果证实了审计师社会身份是一种声誉昭示，其身份对审计师的行为具有约束作用，使得审计师出于维护社会声誉而更加独立、尽责。

6.6 稳健性检验

6.6.1 内生性问题稳健性测试

前述研究结论可能受到内生性问题的干扰。通常而言，身份特征的级别程度可能与审计师自身的特征相关，虽然已经控制了会计师事务所规模等特征变量以尽量降低这种影响，但仍然可能遗漏不可观测的因素，进而导致解释变量与残差项相关。而且，已有文献表明，高声誉审计师可能会选择风险更小的客户以降低诉讼风险（Raghunandan and Rama，1999；Johnstone，2000），有社会身份的审计师将会更加谨慎选择客户，这导致前述实证结果可能受到影响。为了解决可能的内生性问题，我们使用工具变量进行两阶段回归处理。针对每个事务所，我们对该事务所所在地的所有事务所社会身份程度值进行按年加总后取均值，再进行"组内去心"式地减去自身的社会身份程度值，得到工具变量（Politavg）。另外，位于省会中心城市的会计师事务所，由于离权力中心更近，其具有社会身份的可能性更大，因此，我们使用会计师事务所所在地是否为省会城市（直辖市）的哑变量（Bigcity）作为另一个工具变量。

选定工具变量后，我们首先对工具变量的性质进行了检测。Shea's 偏 R 方较大，最小特征值大于 10，说明所选工具变量不存在弱工具变量问题。Sargan 检验的 Chi 方统计量不具有显著性，说明所选工具变量均为外生变量，不存在过度识别。然后，使用上述工具变量，对前述所有回归模型通过两阶段回归（2sls）进行稳健性测试，具体结果详见表 6-9。由表 6-9 的结果可以看出，在控制了审计师社会身份可能存在的内生性问题后，前述实证结果仍然成立。

表6-9　关于内生性问题的测试

Panel A：审计师身份特征与审计收费的内生性检验

变量	(1)	(2)	(3)	(4)
	Stage-one	Stage-two		
	Socialidentity	全样本	TOP	非TOP
Socialidentity	—	0.030**	0.043*	−0.023
		(2.26)	(1.69)	(−1.21)
Politavg	0.300***	—	—	—
	(37.22)			
Bigcity	−0.681***	—	—	—
	(−55.47)			
Constant	0.397***	12.595***	39.563***	12.666***
	(7.90)	(278.03)	(6.39)	(233.36)
控制变量	控制	控制	控制	控制
年度/行业	控制	控制	控制	控制
N	22542	22542	10414	12128
Adjusted R^2	0.805	0.517	0.578	0.430

Panel B：审计师身份特征与会计信息质量的内生性检验

变量	Stage-one	Stage-two			
	(1)	(2)	(3)	(4)	(5)
	Socialidentity	|DA|	DA>0	DA<0	Dechow-Dechiv
Socialidentity	—	−0.004***	−0.004***	−0.000	−0.004***
		(−3.33)	(−3.58)	(−0.28)	(−3.70)
Politavg	0.511***	—	—	—	—
	(88.80)				
Bigcity	−0.786***	—	—	—	—
	(−83.72)				
Constant	−1.480***	0.056***	0.046***	0.033***	0.061***
	(−27.00)	(8.14)	(6.01)	(3.61)	(9.25)
控制变量	控制	控制	控制	控制	控制
年度/行业	控制	控制	控制	控制	控制
N	22782	22782	12588	10194	22782
Adjusted R^2	0.859	0.772	0.716	0.541	0.705

续表

Panel C：审计师身份特征与盈余反应系数的内生性检验

变量	Stage-one (1) Socialidentity	Stage-two (2) Car (−1, 1)	Stage-two (3) Car (−2, 2)	Stage-two (4) Car (−3, 3)
Socialidentity	—	0.001 (0.44)	−0.000 (−0.25)	0.000 (0.11)
Politavg	0.509*** (88.91)	—	—	—
Bigcity	−0.782*** (−82.83)	—	—	—
UE	0.004 (0.05)	0.003 (0.21)	0.000 (0.01)	−0.010 (−0.61)
Socialidentity×UE	—	0.041** (2.03)	0.040* (1.84)	0.051** (2.11)
Constant	−1.418*** (−22.84)	0.011 (1.27)	0.030*** (4.45)	0.032*** (4.13)
控制变量	控制	控制	控制	控制
年度/行业	控制	控制	控制	控制
N	22426	22426	22426	22426
Adjusted R^2	0.859	0.029	0.031	0.033

Panel D：审计师身份特征与违规概率的内生性检验

变量	(1) Stage-one Socialidentity	(2) Stage-two Violate
Socialidentity	—	−0.015* (−1.84)
Politavg	0.481*** (57.54)	—
Bigcity	−0.162*** (−21.02)	—
Constant	0.408*** (7.72)	−0.068** (−2.55)
控制变量	控制	控制

续表

	Panel D：审计师身份特征与违规概率的内生性检验	
变量	（1）	（2）
	Stage-one	Stage-two
	Socialidentity	Violate
年度/行业	控制	控制
N	23898	23898
Adjusted R²	0.705	0.052

注：括号中为 z 值。

经济显著性问题在很多外文文献中得到关注。对于审计师身份特征的研究不应只关注统计显著性，也应该分析经济显著性，以保证研究结论的意义和合理性。为此，我们计算了自变量一个标准差变化引起的因变量变化值相对于因变量均值的变化情况以及显著性。在原有统计显著性的前提下，经济显著性也能通过显著性检验。具体结果如表6-10所示。

表6-10 关于经济显著性问题的测试

变量	y	dy/dx	Std. Err.	Z	P>｜Z｜	［95% C.I.］		X
Socialidentity	Lnfee	0.0180946	0.00621	2.91	0.004	0.005923	0.030267	1.530460
Socialidentity	DA>0	−0.0017261	0.00068	−2.52	0.012	−0.003067	−0.000386	1.493580
Socialidentity	DA_Dechow	−0.0013993	0.00061	−2.30	0.021	−0.002591	−0.000208	1.491890
Polit×UE	CAR（−1, 1）	0.0252175	0.00879	2.87	0.004	0.007992	0.042443	−0.000345
Polit×UE	CAR（−2, 2）	0.0282260	0.01093	2.58	0.010	0.006795	0.049656	−0.000345
Polit×UE	CAR（−3, 3）	0.0333646	0.01259	2.65	0.008	0.008688	0.058041	−0.000345
Socialidentity	Violate	−0.0057717	0.00246	−2.34	0.019	−0.010596	−0.000948	1.468070

6.6.2 辨识不同身份特征后的测试

此前针对审计师兼职顾问身份的研究发现经该类审计师审计的公司成功上市概率更高，但首发上市后业绩更差（李敏才和刘峰，2012；Yang，2013；杜兴强等，2013）。而本书前述研究表明社会身份具有正向作用，即审计师社会身份是一种声誉昭示。产生这种差异的原因可能在于，以往研究主要以首次公开发行为背景，研究对象或为中小板企业（李敏才和刘峰，2012），或将律师和审计师发

6 审计师身份特征与审计收费的实证研究

审委身份整体考虑（杜兴强等，2013），或仅仅考虑发行前和发行当年的差异（Yang，2013）。为了进一步测试本书研究结论的稳健性，我们单独考虑了审计师兼职顾问类身份，即定义为变量 Parttime_identity，发现该变量越高时，审计收费和审计质量越高，处罚概率越低，这与我们的声誉昭示假说是一致的（具体见表6-11）。但是，投资者对经这类审计师审计的会计信息并没有显著的认知差异。此外，我们单独考虑审计师社会兼职身份之外其他类型社会身份，重新定义为变量 Socialidentity_remove，检验结果与前面基本一致，说明了前述结论依旧稳健（见表6-12）。

表6-11 单独考虑审计师兼职顾问身份的进一步检验

Panel A：审计师兼职顾问身份与审计收费

变量	(1) Lnfee 全样本	(2) Lnfee TOP	(3) Lnfee 非TOP
Parttime_identity	0.055*** (12.42)	0.065*** (7.21)	0.034*** (6.31)
Lnassets	0.306*** (63.86)	0.335*** (39.72)	0.284*** (49.95)
Leverage	0.125*** (8.06)	0.173*** (5.04)	0.093*** (5.31)
Roa	0.134** (2.14)	0.022 (0.17)	0.190*** (2.77)
Loss	0.064*** (6.18)	0.061*** (3.14)	0.061*** (5.09)
Invratio	-0.155*** (-5.02)	-0.197*** (-3.34)	-0.115*** (-3.20)
Recvratio	0.170*** (3.02)	0.183* (1.79)	0.168** (2.56)
Cross	0.271*** (13.50)	0.350*** (13.33)	0.193*** (6.24)
Age	-0.000 (-0.19)	-0.005*** (-2.86)	0.004*** (3.13)
Duality	0.002 (0.16)	0.017 (0.72)	-0.006 (-0.46)

续表

Panel A：审计师兼职顾问身份与审计收费

变量	(1) Lnfee 全样本	(2) Lnfee TOP	(3) Lnfee 非TOP
Independent	0.003	-0.021*	0.014**
	(0.53)	(-1.69)	(1.98)
Meeting	0.008***	0.013***	0.006***
	(6.98)	(6.26)	(4.70)
Location	0.083***	0.077***	0.087***
	(16.82)	(8.36)	(14.92)
Opinion	-0.107***	-0.059*	-0.121***
	(-5.79)	(-1.68)	(-5.63)
Big4	0.650***	0.606***	—
	(24.62)	(20.56)	
Income	-0.000	-0.001**	0.001***
	(-0.84)	(-2.40)	(5.95)
Constant	6.279***	5.706***	6.706***
	(64.86)	(34.21)	(57.32)
年度/行业	控制	控制	控制
N	8788	3019	5769
Adjusted R^2	0.655	0.738	0.516

Panel B：审计师兼职顾问身份与会计信息质量

变量	(1) |DA|	(2) DA>0	(3) DA<0
Parttime_identity	-0.002***	-0.002***	0.001*
	(-3.20)	(-2.67)	(1.67)
CFO	0.021***	-0.023***	-0.057***
	(17.42)	(-17.95)	(-29.54)
BM	-0.033***	0.013***	0.010**
	(-6.33)	(2.74)	(1.98)
Growth	0.004***	0.004***	-0.004***
	(5.23)	(2.62)	(-4.94)
Cross	-0.004	0.002	0.006**
	(-1.17)	(0.50)	(2.06)

续表

Panel B：审计师兼职顾问身份与会计信息质量

变量	(1) |DA|	(2) DA>0	(3) DA<0
Age	0.001***	0.000	-0.001***
	(2.85)	(0.95)	(-3.74)
Lnassets	-0.025***	0.018***	0.059***
	(-14.70)	(8.66)	(24.79)
Leverage	0.034***	0.008	-0.030***
	(4.62)	(1.24)	(-4.36)
Roa	-0.196***	0.833***	0.563***
	(-6.05)	(21.96)	(20.92)
Nda	0.401***	-0.513***	-0.803***
	(8.62)	(-6.88)	(-21.74)
Duality	-0.003	-0.003	0.001
	(-1.27)	(-0.92)	(0.26)
Independent	-0.002*	0.001	0.002
	(-1.88)	(0.82)	(1.54)
Meeting	0.000	-0.000	-0.000*
	(1.56)	(-0.05)	(-1.71)
Big4	0.001	-0.004	0.005*
	(0.18)	(-1.35)	(1.69)
Opinion	-0.026***	0.008	0.017***
	(-4.23)	(0.87)	(3.60)
Loss	0.007***	0.010***	-0.003
	(2.91)	(3.61)	(-1.38)
Constant	0.240***	-0.032	-0.288***
	(10.25)	(-1.25)	(-11.69)
年度/行业	控制	控制	控制
N	7338	2888	4450
Adjusted R^2	0.278	0.429	0.602

续表

Panel C：审计师兼职顾问身份与盈余反应系数

变量	(1) CAR (-2, 2)	(2) CAR (-3, 3)	(3) CAR (-5, 5)	(4) CAR (-10, 10)
Parttime_identity	0.001	0.001	0.001	0.001
	(1.15)	(0.39)	(0.31)	(0.68)
UE	0.003	0.002	0.005	0.011**
	(0.86)	(0.65)	(1.22)	(2.12)
Politcon_csrc×UE	0.001	0.003	0.002	0.003
	(0.16)	(0.74)	(0.51)	(0.75)
BM	0.012**	0.021***	0.033***	0.049***
	(2.34)	(3.73)	(5.10)	(5.92)
Growth	0.000	0.000	0.000	0.000
	(0.11)	(0.55)	(0.18)	(0.14)
Cross	-0.003	-0.004	-0.005	-0.002
	(-0.94)	(-1.09)	(-1.11)	(-0.27)
Age	0.000	0.000	0.000	0.001
	(0.63)	(0.83)	(1.12)	(1.52)
Lnassets	-0.002*	-0.003*	-0.004***	-0.006***
	(-1.90)	(-1.74)	(-2.61)	(-2.98)
Leverage	0.003	0.003	0.004	0.006
	(0.62)	(0.53)	(0.70)	(0.88)
Income	-0.000	-0.000	-0.000	0.000
	(-0.73)	(-0.36)	(-0.72)	(0.06)
Invratio	-0.005	-0.004	-0.001	-0.005
	(-0.61)	(-0.48)	(-0.09)	(-0.42)
Recvratio	0.023	0.027	0.011	0.029
	(0.96)	(1.06)	(0.42)	(0.99)
Roa	0.039**	0.044**	0.034	0.014
	(2.17)	(2.10)	(1.39)	(0.37)
Duality	0.001	0.001	0.001	-0.001
	(0.50)	(0.53)	(0.42)	(-0.33)
Independent	0.000	0.000	0.000	0.000
	(0.42)	(0.36)	(0.29)	(0.18)

续表

Panel C：审计师兼职顾问身份与盈余反应系数

变量	(1) CAR (-2, 2)	(2) CAR (-3, 3)	(3) CAR (-5, 5)	(4) CAR (-10, 10)
Meeting	-0.000 (-1.26)	-0.000 (-1.35)	-0.000 (-1.56)	-0.000 (-0.47)
Big4	0.003 (0.95)	0.000 (0.02)	0.000 (0.04)	-0.011* (-1.75)
Opinion	-0.006 (-0.57)	-0.013 (-1.01)	-0.004 (-0.32)	-0.016 (-1.05)
Location	-0.000 (-0.10)	0.001 (0.61)	0.001 (0.59)	0.003 (1.59)
Loss	0.000 (0.02)	0.001 (0.33)	0.002 (0.60)	0.004 (0.93)
Constant	0.052** (2.07)	0.064** (2.24)	0.087*** (2.77)	0.108*** (2.75)
年度/行业	控制	控制	控制	控制
N	9081	9081	9081	9081
Adjusted R^2	0.006	0.008	0.009	0.017

Panel D：审计师兼职顾问身份与违规行为概率

变量	(1) Logit (Violate)	(2) Probit (Violate)
Parttime_identity	-0.309*** (-3.67)	-0.139*** (-3.68)
BM	0.331 (0.84)	0.161 (0.92)
Growth	0.029 (1.45)	0.015 (1.51)
Age	-0.010 (-0.54)	-0.003 (-0.41)
Lnassets	-0.259*** (-2.93)	-0.126*** (-3.19)
Leverage	0.049 (0.31)	0.053 (0.64)

续表

	(1)	(2)
Panel D：审计师兼职顾问身份与违规行为概率		
变量	Logit（Violate）	Probit（Violate）
Invratio	-0.627	-0.230
	(-1.15)	(-0.94)
Recvratio	1.439*	0.592
	(1.87)	(1.64)
Roa	-0.904	-0.410
	(-1.29)	(-1.16)
Duality	0.127	0.075
	(0.68)	(0.89)
Independent	-0.137	-0.068
	(-1.18)	(-1.32)
Meeting	0.097***	0.043***
	(5.55)	(5.28)
Big4	-2.634**	-1.057***
	(-2.54)	(-3.01)
Opinion	-0.942***	-0.465***
	(-4.85)	(-4.81)
Loss	0.873***	0.378***
	(5.39)	(5.43)
Income	0.009***	0.004***
	(2.99)	(3.24)
Cross	0.018	0.016
	(0.06)	(0.12)
Constant	2.074	0.794
	(1.21)	(1.04)
年度/行业	控制	控制
N	7781	7781
Pseudo R^2	0.129	0.128

注：括号中为 z 值。

表 6-12　剔除审计师兼职顾问后的进一步检验

Panel A：审计师的其他身份特征与审计收费

变量	(1) Lnfee 全样本	(2) Lnfee TOP	(3) Lnfee 非 TOP
Socialidentity_remove	0.027*** (8.26)	0.044*** (7.10)	0.004 (1.02)
Lnassets	0.305*** (63.38)	0.334*** (39.76)	0.284*** (49.83)
Leverage	0.128*** (8.20)	0.173*** (5.08)	0.094*** (5.35)
Roa	0.148** (2.36)	0.015 (0.11)	0.198*** (2.87)
Loss	0.062*** (5.96)	0.057*** (2.93)	0.063*** (5.21)
Invratio	−0.155*** (−5.01)	−0.202*** (−3.44)	−0.109*** (−3.02)
Recvratio	0.158*** (2.80)	0.171* (1.67)	0.166** (2.52)
Cross	0.279*** (13.95)	0.355*** (13.66)	0.203*** (6.55)
Age	−0.000 (−0.05)	−0.005** (−2.47)	0.004*** (2.94)
Duality	0.001 (0.09)	0.016 (0.70)	−0.005 (−0.39)
Independent	0.003 (0.48)	−0.022* (−1.85)	0.015** (2.06)
Meeting	0.008*** (6.97)	0.013*** (6.19)	0.007*** (4.84)
Location	0.084*** (16.86)	0.070*** (7.37)	0.089*** (15.14)
Opinion	−0.102*** (−5.52)	−0.047 (−1.36)	−0.120*** (−5.58)

续表

Panel A：审计师的其他身份特征与审计收费

变量	(1) Lnfee 全样本	(2) Lnfee TOP	(3) Lnfee 非TOP
Big4	0.624*** (23.96)	0.595*** (20.10)	—
Income	0.000*** (3.91)	0.000 (1.35)	0.002*** (10.43)
Constant	6.301*** (64.99)	5.724*** (34.42)	6.700*** (57.26)
年度/行业	控制	控制	控制
N	8788	3019	5769
Adjusted R^2	0.651	0.737	0.513

Panel B：审计师的其他身份特征与会计信息质量

变量	(1) |DA|	(2) DA>0	(3) DA<0
Socialidentity_remove	-0.002*** (-3.18)	-0.002*** (-2.87)	0.001* (1.75)
CFO	0.021*** (17.40)	-0.023*** (-17.93)	-0.057*** (-29.54)
BM	-0.033*** (-6.27)	0.013*** (2.77)	0.010* (1.94)
Growth	0.004*** (5.21)	0.003*** (2.61)	-0.004*** (-4.92)
Cross	-0.004 (-1.32)	0.002 (0.39)	0.006** (2.14)
Age	0.001*** (2.77)	0.000 (0.89)	-0.001*** (-3.70)
Lnassets	-0.025*** (-14.69)	0.018*** (8.67)	0.059*** (24.81)
Leverage	0.034*** (4.61)	0.008 (1.24)	-0.030*** (-4.35)
Roa	-0.196*** (-6.04)	0.832*** (21.93)	0.563*** (20.93)

续表

Panel B：审计师的其他身份特征与会计信息质量

变量	(1) |DA|	(2) DA>0	(3) DA<0
Nda	0.401***	−0.512***	−0.803***
	(8.63)	(−6.87)	(−21.75)
Duality	−0.003	−0.003	0.001
	(−1.28)	(−0.95)	(0.25)
Independent	−0.002*	0.001	0.002
	(−1.87)	(0.85)	(1.55)
Meeting	0.000	−0.000	−0.000*
	(1.54)	(−0.13)	(−1.72)
Big4	0.001	−0.004	0.005*
	(0.17)	(−1.38)	(1.69)
Opinion	−0.026***	0.007	0.017***
	(−4.28)	(0.83)	(3.64)
Loss	0.007***	0.010***	−0.003
	(2.95)	(3.64)	(−1.40)
Constant	0.240***	−0.032	−0.288***
	(10.27)	(−1.25)	(−11.70)
年度/行业	控制	控制	控制
N	7338	2888	4450
Adjusted R^2	0.278	0.429	0.602

Panel C：审计师的其他身份特征与盈余反应系数

变量	(1) CAR (−2, 2)	(2) CAR (−3, 3)	(3) CAR (−5, 5)	(4) CAR (−10, 10)
Socialidentity_remove	0.001	0.001	0.001	0.001
	(1.48)	(0.63)	(0.29)	(0.61)
UE	0.003	0.003	0.005	0.011**
	(0.89)	(0.71)	(1.26)	(2.17)
Socialidentity_remove×UE	0.004*	0.006**	0.005*	0.007**
	(1.84)	(2.23)	(1.74)	(2.00)
BM	0.012**	0.021***	0.033***	0.049***
	(2.38)	(3.78)	(5.15)	(5.96)

续表

Panel C：审计师的其他身份特征与盈余反应系数

变量	(1) CAR(−2, 2)	(2) CAR(−3, 3)	(3) CAR(−5, 5)	(4) CAR(−10, 10)
Growth	0.000	0.000	0.000	0.000
	(0.18)	(0.59)	(0.21)	(0.18)
Cross	−0.003	−0.004	−0.005	−0.001
	(−0.85)	(−1.03)	(−1.07)	(−0.22)
Age	0.000	0.000	0.000	0.001
	(0.65)	(0.84)	(1.12)	(1.54)
Lnassets	−0.002**	−0.003*	−0.004***	−0.006***
	(−2.02)	(−1.82)	(−2.68)	(−3.05)
Leverage	0.003	0.003	0.004	0.006
	(0.65)	(0.54)	(0.71)	(0.89)
Income	−0.000	−0.000	−0.000	0.000
	(−0.64)	(−0.41)	(−0.68)	(0.32)
Invratio	−0.005	−0.004	−0.001	−0.005
	(−0.60)	(−0.47)	(−0.08)	(−0.40)
Recvratio	0.022	0.026	0.011	0.029
	(0.93)	(1.04)	(0.41)	(0.97)
Roa	0.040**	0.045**	0.035	0.015
	(2.21)	(2.13)	(1.42)	(0.40)
Duality	0.001	0.001	0.001	−0.001
	(0.50)	(0.54)	(0.42)	(−0.33)
Independent	0.000	0.000	0.000	0.000
	(0.42)	(0.35)	(0.28)	(0.16)
Meeting	−0.000	−0.000	−0.000	−0.000
	(−1.27)	(−1.37)	(−1.57)	(−0.47)
Big4	0.003	0.000	0.000	−0.011*
	(1.00)	(0.05)	(0.02)	(−1.88)
Opinion	−0.006	−0.013	−0.004	−0.015
	(−0.55)	(−0.99)	(−0.30)	(−1.03)
Location	−0.000	0.001	0.001	0.003
	(−0.22)	(0.57)	(0.59)	(1.59)

续表

Panel C：审计师的其他身份特征与盈余反应系数

变量	(1) CAR (-2, 2)	(2) CAR (-3, 3)	(3) CAR (-5, 5)	(4) CAR (-10, 10)
Loss	-0.000	0.001	0.002	0.004
	(-0.00)	(0.29)	(0.58)	(0.89)
Constant	0.054**	0.065**	0.088***	0.110***
	(2.12)	(2.30)	(2.81)	(2.80)
行业/年度	控制	控制	控制	控制
N	9081	9081	9081	9081
Adjusted R^2	0.006	0.009	0.010	0.017

Panel D：审计师的其他身份特征与违规行为概率

变量	(1) Logit (Violate)	(2) Probit (Violate)
Socialidentity_remove	-0.125**	-0.002*
	(-2.02)	(-1.80)
BM	0.357	0.003
	(0.91)	(0.37)
Growrh	0.029	0.002
	(1.46)	(1.49)
Age	-0.012	-0.000
	(-0.62)	(-0.89)
Lnassets	-0.253***	-0.005**
	(-2.88)	(-2.48)
Leverage	0.048	0.011
	(0.30)	(0.94)
Roa	-0.924	-0.045
	(-1.33)	(-1.01)
Invratio	-0.669	-0.020
	(-1.22)	(-1.36)
Recvratio	1.423*	0.046*
	(1.85)	(1.70)
Duality	0.125	0.004
	(0.67)	(0.79)

续表

Panel D：审计师的其他身份特征与违规行为概率

变量	(1) Logit（Violate）	(2) Probit（Violate）
Independent	-0.129 (-1.11)	-0.004 (-1.45)
Meeting	0.095*** (5.42)	0.002*** (4.33)
Big4	-2.348** (-2.27)	-0.013*** (-2.78)
Opinion	-0.961*** (-4.94)	-0.066*** (-4.84)
Loss	0.880*** (5.44)	0.025*** (4.82)
Income	0.004 (1.51)	0.000* (1.85)
Cross	-0.067 (-0.22)	-0.001 (-0.14)
Constant	2.029 (1.19)	0.198*** (4.83)
年度/行业	控制	控制
N	7781	7781
Pseudo R^2	0.124	0.046

注：括号中为 z 值。

6.7 本章小结

相当数量的文献关注了身份特征对于审计质量或审计行为的影响，但基本上是从被审计客户社会资本角度探讨身份特征与审计之间的关系（Chan and Lin，2006；Wang et al.，2007）。也有一些文献通过审计师社会兼职视角研究审计师社会身份对于审计的影响（王兵和辛清泉，2009；李敏才和刘峰，2012；Yang，2013），但是这些研究基本上局限于兼职顾问导致的社会身份，并未涉及审计师的其他社会身份。为此，本章在更全面衡量审计师身份特征的基础上探讨了审计师身份特征到底是声誉昭示还是机会主义的现实问题，提出声誉昭示假说和机会主义假说，研究结果支持身份特征昭示着职业声誉，具体证据为，社会身份能使审计师收取更高的审计费用，经过具有身份特征的审计师审计的客户，会计信息质量更高，投资者对会计信息的反应程度更高（盈余反应系数 ERC 更高），被审计客户出现违规的概率更低。上述研究结果在控制了可能存在的内生性等问题后仍然成立。

但这部分仅探讨了会计师事务所层面的身份特征，尚未从签字注册会计师个体层面探讨身份特征对审计的影响，存在一定局限，这有待后续研究跟进。

7 审计师身份特征与 IPO 抑价的实证研究

7.1 问题的提出

我国资本市场的高抑价问题（股票发行价格低于上市价格）一直是公司金融领域的热点问题。大部分文献认为这一现象的根源在于市场参与方之间的信息不对称（Welch，1989；Allen and Faulhaber，1989；Grinblatt and Hwang，1989；Chemmanur，1993），而作为信息中介的审计师，其作用正是对企业披露的信息进行鉴证，降低投资者和所有者之间的信息不对称。已有文献表明，在新股发行过程中，企业更愿意聘请独立性高、信誉良好的高声誉审计师，以传递关于公司价值的良好信号，使投资者对公司价值有正确的判断，降低股票首发的抑价水平（Menon and Willianms，1991；Hogan，1997）。与此同时，随着越来越多的审计师获得了荣誉和表彰，新的身份特征已成为审计师的显性特征之一。审计师的身份特征是否会影响审计师的独立性和可信度，将会反映于股票发行定价过程中。因此，针对审计师身份特征与 IPO 抑价程度关系的问题的研究，一方面使得我们能看到审计师声誉机制对发行定价机制的影响，另一方面也使得我们能通过 IPO 定价问题的研究对审计师身份特征有更深刻的剖析。

更进一步地，在注册制改革的背景下，研究审计师在新股发行定价中的作用这一问题也显得更具有现实意义。2013 年 11 月 30 日，中国证监会发布了《中国证监会关于进一步推进新股发行体制改革的意见》（以下简称《意见》），强调股票发行审核以信息披露为中心，并明确针对会计师事务所的信息责任和追责机制。《意见》的实施，为注册制顺利推行奠定基础的同时，更加凸显出审计在信息鉴证环节的重要作用。2019年6月13日，首批科创板公司在上海证券交易所上市，标志着注册制首次落地。2020年6月12日，深圳证券交易所创业板改革并试点注册制也正式落地。2021年11月15日，北京证券交易所揭牌并同步试点注册制。随着我国资本市场注册制改革的加快推进，监管部门不再对拟上市公司的业绩是否优良进行审查，而仅仅关注信息披露的完整性、真实性，这就加大了审计师的鉴证责任，也使得审计师在新股定价过程中地位更加凸显。那么，在我国资本市场中，审计师究竟能不能降低信息不对称程度？审计师的身份特征在减轻新股发行抑价问题中，是否存在差异？本书试图通过对这些问题的回答，对审计师身份特征是否能作为审计师声誉的表征提供新的思考，也为监管部门加强注册会计师行业建设，以及资本市场信息监管决策提供政策参考。

本章突破现有文献均采用国际四大或国内十大会计师事务所来衡量审计师声誉的方法，通过手工收集了公司首发上市前3年又一期财务报告的签字注册会计师，以及每个签字注册会计师身份特征的相关信息，并使用1999~2018年A股首次公开发行上市的非金融类公司为样本，在基于前文得出审计师身份特征是声誉昭示的结论基础上，以签字注册会计师是否具有身份特征作为审计师声誉的显性表现，研究了审计师声誉对股票首次发行抑价的作用。将审计师的身份特征类型分为荣誉类身份特征和基本身份特征后，结果发现，审计师个人的荣誉类身份特征能有效降低发行抑价水平。虽然基本类身份特征没有负向的显著反应，但这也正说明了投资者对身份特征的认知偏差。针对以往仅考虑会计师事务所整体声誉的情况，按照会计师事务所规模进行分组回归后发现即使在规模较小的事务所中，审计师个人的声誉仍然具有显著作用，且在小规模事务所中的审计师个人的声誉作用更强。这表明审计师个人作用更加重要，特别是在事务所本身缺乏信誉度的情况下，投资者就更加依靠审计师个人的声誉。此外，还考虑了发行制度变迁对声誉作用的影响，发现随着制度更加市场化，审计师的声誉作用更能得到发挥。进一步地，审计师的身份特征是当任的情况下，对抑价水平影响也更加强烈。在稳健性检验方面，使用了Heckman两阶段回归以控制自选择对回归结果的影响，结果依然稳健。

本章研究可能有以下两方面的创新：一是研究了审计师个人层面的声誉特征，补充了审计师个人特征的研究；二是进一步在更全面衡量审计师身份特征类型的情况下，验证了IPO环节中审计师声誉作用的发挥情况，为我国审计师声誉与IPO抑价的相关文献提供了新的经验证据。

7.2 文献回顾与制度背景

7.2.1 审计师声誉与 IPO 抑价

针对 IPO 抑价问题，国外研究主要给出了以下两方面的解释：一是认为降低发行价格能促进机构投资者提供更加贴近真实需求的定价信息（Benveniste et al.，1989；Sherman，2002，2005；Aggarwal et al.，2002；Chemmanur et al.，2010）。二是承销商可以通过配售权向其相关利益主体转移利益（Reuter，2006；Ritter et al.，2007；Jenkinson et al.，2009；Liu et al.，2010）。结合我国资本市场的现实情况来说，询价制度并未赋予承销商新股配售权，因此，这类研究结论对中国 IPO 抑价问题的解释力有限。根据我国的实际情况，国内学者认为，造成我国抑价程度较高的原因在于"股权分置改革"以及"管制存在"（刘煜辉和熊鹏，2005；肖曙光和蒋顺才，2006），将中国远高于其他国家抑价水平的矛头指向了制度因素。在我国持续的股票发行制度改革的过程中，抑价水平也在不断变化。我国 2000 年以前新股发行定价效率最低，推行核准制后的定价效率有所提高，但新股发行定价效率依旧不高（毛宗平和川文，2004）。周孝华等（2006）则发现审批制下新股发行定价仅能反映公司的盈利能力、偿债能力以及在二级市场的供求状况，而核准制下的定价不仅能反映上述因素，还能充分体现公司未来的发展前景。

个人无法脱离社会关系和交际网络而独立存在，任何一个独立的个体都镶嵌于社会网络当中（Borgattie et al.，2009）。身份特征则是众多社会网络关系当中的一种，且普遍存在于世界各国（Johnson and Mitton，2003；Khwaja and Mian，2005；Leuz and Gee，2006；Bertrand et al.，2007）。虽然现有研究已经对上市公司高管、实际控制人所拥有的社会关系特征进行了广泛的研究（Claessens et al.，2008；余明桂等，2010），但对金融中介的社会资本及其特征关注较少（饶品贵等，2013）。作为资本市场重要信息中介的审计师，在参与经济活动的过程中，通过兼职顾问的工作经历或者被授予一定的荣誉奖励而逐渐获得了身份特征。而现有研究对审计师的这类身份特征的研究较少，近年来一些学者从会计师事务所的合伙人担任兼职顾问角度，研究了发审委这类身份特征对审计意见、审计收费和审计业务占有率等因素的影响。这类研究均从社会资本角度及相互妥协角度（Yang，2013；李敏才和刘峰，2012；王兵和辛清泉，2009），认为审计师的身份特征对审计质量及股票后期表现是负面的影响。归纳而言，上述文献存在以下三方面局限：一是仅从会计师事务所整体角度进行研究，并未考虑审计师个人的影响；二是未全面探寻审计师身份特征类型；三是均从负面角度去理解身份特征对审计师的影响。

与之相反，审计师声誉被认为是独立性和高审计质量的反映。一些学者研究了审计师声誉对 IPO 抑价的影响，发现审计师能有效降低抑价水平。1933 年，美国颁布《证券法》后，独立审计的功能拓展到监督公司的信息披露是否有助于投资者理性决策，而不仅限于监督管理层行为本身（Watts and Zimmerman，1981）。审计师作为独立的信息鉴证方，旨在为投资者所需的决策信息提供合理保证，而这种保证的可信度则是审计师的重要特征（DeAngelo，1980；Simnunic and Stein，1987）。声誉更高的审计师，其鉴证的信息和财务报告具有更高的可信度。经过高声誉审计师鉴证的财务信息，由于其可信度更高，能使投资者准确评估公司的真实价值，进而能降低一级、二级市场的信息不对称程度和价差，降低 IPO 抑价程度（Beatty，1989；Menon and Williams，1991；Hogan，1997；Willenborg，1999）。并且，大型会计师事务所或者高声誉会计师事务所（通常使用四大或者非四大进行衡量），能减少新股发行的不确定性（Balvers et al.，1988；Beatty，1989），进而降低抑价水平。然而，现有关于审计师声誉与 IPO 抑价程度之间关系的研究主要限于欧美等成熟市场，针对我国特殊的市场环境，国内学者并未得出一致的结论（王成方和刘慧龙，2014；胡丹和冯巧根，2013；王兵等，2009；李常青和林文荣，2004；陈海明和李东，2004）。并且上述文献均未考虑单个审计师的特征，仅以事务所规模来替代审计师声誉特征，这也为本书研究提供了机会。

7.2.2 制度背景

理论上，股票发行制度包括审批制、核准制和注册制三种。其中，审批制是在股票市场发展初期，由地方或主管部门依据指标推荐企业发行股票的一种发行制度。而核准制是在证券监督机构保留审查权和否决权的条件下，引进券商等中介机构对股票发行的合规性和真实性进行实质审查的发行制度。注册制则是着眼于较为成熟的股票市场的发行制度，在这种制度下，监管部门以及交易所仅对拟上市公司进行合规性审查，上市公司的真实价值和运营情况则交由投资者和中介机构进行判断，这一制度的实施对中介机构提出了更高的要求。纵观我国资本市场的发展历程，从证券市场成立之日起，新股发行总体经历了审批制（1990~2000年）、核准制（2001~2018年）、注册制（2019年至今）三种发行体制。从具体的发行方式来说，2001年以前，我国的资本市场主要满足国有企业上市需求，上市指标有额度限制，俗称额度制。而在2001年3月后我国采用通道制，证监会发布了《关于证券公司推荐发行申请有关工作方案的通知》，直接根据券商的资质和规模分配通道数量，由券商遴选拟发行公司。2004年5月，随着保荐机构和保荐代表人注册完成，股票发行进入保荐制阶段。股票发行责任落实到保荐机构和保荐代表人个人身上。2009年5月22日，证监会公布了第13号公告：《关于进一步改革和完善新股发行体制的指导意见（征求意见稿）》，开启了新股发行体制改革的序幕，进一步完善询价和定价机制，逐步向注册制过渡。该意见进一步明确了发行人和保荐机构、会计师事务所、律师事务所、资产评估师等证券服务机构及人员在发行过程中的独立主体责任，规定发行人信息披露存在重大违法行为给投资者造成损失的，发行人及相关中介机构必须依法赔偿投资者损失。不仅如此，还将对中介机构的诚信记录、执业情况按规定予以公示。2013年11月30日，中国证监会发布了《中国证监会关于进一步推进新股发行体制改革的意见》。2015年4月，证券法修订草案明确取消股票发行审核委员会制度，从实质上规定了注册制改革的内容，包括确定由交易所负责对注册文件的审核权限。2015年12月27日，全国人大授权国务院推进注册制改革，授权有效期2年。2019年6月13日，上海证券交易所的科创板正式开板，象征着注册制的首次正式实施。2019年12月28日，十三届全国人大常委会审议通过了新《证券法》，也进一步要求全面推行注册制。2020年8月24日，深圳证券交易所在创业板试点注册制。2021年9月3日，北京证券交易所试点注册制。2023年2月17日，证监会及交易所等发布全面实行股票发行注册制的制度规则，标志着注册制制度安排基本定型。而随着全面实行股票发行注册制正式实施，审计师在股票发行过程中的作用和地位得到提高，但同时，其责任和义务也更加重大，更需要审计师在发行审计过程中勤勉尽责，诚实独立。

发行制度改革的过程就是从"行政导向"逐渐向"市场导向"转变的过程。随着1999年的《证券法》《注册会计师独立审计准则》等一系列的证券法规颁布后，审计师的执业质量和独立性逐步开始提升。伴随着发行制度的不断市场化，审计师的作用和地位也日益凸显，高声誉的审计师也更加受到投资者的认可。

7.3 理论分析与研究假设

根据证监会的规定，发行人在招股说明书中应披露3年又一期的财务报告、盈利预测报告以及内部控制报告，并经具有证券从业资格的会计师事务所进行审计。对于审计师而言，需对公司上市前的财务报告公允地发表审计意见，并确保招股说明书中所披露的信息与财务数据的一致性，以保证所有影响投资者决策的重要事实都得到恰当的披露。由于市场缺乏关于新上市公司的足够信息，投资者信息获取渠道有限，仅能通过审计师鉴证后的财务报告获取信息。而这些信息是否正确披露，会直接影响到承销商对公司盈利能力、运营状况以及未来发展预期的判断，进而会影响到发行价格以及最终的上市价格。审计师的异质性带来了不同审计师之间的审计质量差异，上市公司选择不同的审计师所代表的会衍生出审计机制的信息效用。因此，审计师在股票发行定价过程中的重要作用不容忽视。

7.3.1 发行定价中的审计作用

7.3.1.1 审计师身份特征的声誉昭示

声誉的产生通常有两种途径：一是由市场因素形成，即在长期经营管理中逐步形成和逐渐积累起来的；二是由非市场因素形成，即在由部门或监管机构进行资源配置形成的。审计师因为被授予了荣誉奖励而获得身份特征，然而，这种身份特征的获取既有市场因素也有非市场因素的影响。审计师在执业过程中，拥有良好的信誉和独立性，得到了市场的认同，而这样的审计师不仅专业能力和业务素质较高，且在行业内也德高望重。为了树立行业内的良好标杆和职业形象，监管机构和行业自律组织会选择高质量审计师授予一定的荣誉身份。与此同时，在管理决策和政策制定的过程中，也需要高业务素养的审计师出谋划策，为经济建设建言献策。因此，获得荣誉头衔的审计师通常表明监管机构对其独立性和专业素质的肯定，同时身份特征本身也昭示着审计师有更强的独立性和更高的审计质量。

由于荣誉身份的公开透明性[①]，使得这些身份特征成为审计师的"紧箍咒"。

---

① 例如，各层级注册会计师协会、各级财政部门、全国工商联等会定期举办各类奖励的公开评选和投票活动，有明确和完整的评选办法，对评选结果也设置有公示期。

社会声誉和专业地位是审计师保持独立性的动机，也是审计质量的基础（王帆和张龙平，2012）。这进一步导致具有身份特征的审计师更有动机提高审计质量，以维护来自社会认可的信任声誉（陈辉发等，2012）。因此，审计师的这种身份特征是一种社会地位的象征，是国家对审计师专业能力和职业道德的认可，也是审计师的专业荣誉和社会声誉。

7.3.1.2 发行人的动机分析

新股短期发行抑价的产生是基于投资者对二级市场价格发现功能的推定。也就是说，投资者会默认二级市场价格的有效性，当一级市场价格低于二级市场出现价格时，投资者会认为一级市场价格存在抑价。由于新股发行成功到正式上市之间的时间间隔较短，如果市场有效，就不会产生一级、二级市场之间的价格差异。在发行前，发行者拥有对公司实际情况的私有信息，并且这些私有信息不能被投资者所观察，最终导致了信息不对称。因而，从根本上来说，抑价发行的原因在于市场参与者之间信息不对称导致的市场有效性缺乏。作为资本市场参与者之一的注册会计师，其职责在于对上市公司财务的真实性、正确性、合规性进行审查和监督，并提供合理保证，以降低委托人和代理人之间的信息不对称。作为一种信号机制，公司为了避免逆向选择问题，会通过聘请高声誉审计师向投资者发布关于公司当前经营状况和未来经营前景的信号，减轻参与者之间的信息不对称，降低发行抑价程度。

同时，审计机制的有效性可以通过证券市场价格机制得以体现（Jensen and Meckling，1976；Watts and Zimmerman，1981）。对于拟上市的公司而言，市场缺乏关于该类型公司的公开信息，审计师作为会计专家，不仅是信息的鉴证者，也是信息的发掘者、制造者和传递者，能降低投资者的信息搜索成本。投资者虽然不能直接从企业内部窥探企业的经营状况等信息，但能通过审计师传递的信息对企业价值进行判断。投资者可以根据理性分析调整对证券价格的预期，当投资者认为现有审计师的独立性较低，无法保证审计质量和信息质量的情况下，会压低股票价格（王兵等，2009）。为了避免聘任低质量的审计师给公司股票价格产生负面影响，客户会有强烈的动机选择行业声誉度较高的审计师向市场传递信号。

7.3.1.3 身份特征审计师的动机分析

首先，具有身份特征的审计师有强烈的动机维护其长期形成的声誉。经济学理论认为，声誉作为一种激励机制，当存在行为人之间信息不对称时，能对组织或个体的行为进行激励（李军林，2004）。由于审计市场具有"柠檬市场"的特征，市场无法直接识别审计质量，因而，声誉就成为凸显自身价值的信号机制

(李连军和薛云奎，2007；Tooth，2008）。作为中介机构，会计师事务所不同于一般的市场主体，它是资本市场的重复参与人，未来的收益与其声誉紧密相连。诚实是最好的竞争手段（张维迎，2001）。对于审计师而言，为了能获得眼前的当期利益而错误声明，如果在后期给被投资者所察觉，甚至给投资者造成损失，那么他们的声誉资本将受到影响。随后的期间审计师将失去公众的信任，甚至丧失市场参与资格[①]。因此，不同于商品交易，审计中介机构作为服务型行业，其声誉的建立需要日积月累（陈辉发等，2011）。当审计师被赋予这样的荣誉身份的时候，他们更会注意自己的言行，以免社会声誉的损害。审计师的声誉资本越多，就越有动力去准确披露财务会计信息。不仅如此，正所谓"民之为道也，有恒产者有恒心，无恒产者无恒心"[②]，也就是说，没有稳定财产收入、没有身家地位的人，通常也没有道德观念和自尊心，其行为是以自利为准绳，坑蒙拐骗、毫无诚信可言。具有身份特征的审计师多数都在行业内做出了一定成绩，本身就是行业的佼佼者，业务承接不再令其担忧，这样的审计师更加注重的是维持精心树立起来的声誉和地位。凭借声誉获得的稳定客户资源为审计师更加珍惜其在行业逐步建立起来的形象、口碑和声誉，独立客观地调查和纠正报告中的信息偏差提供了物质保障。

其次，避免诉讼风险也是审计师提高审计质量的动力之一。由于审计机制的"保险功能"，当公司出现经营风险而导致投资者遭受损失时，审计师需要承担保险赔偿责任。在证监会发布的《关于进一步推进新股发行体制改革的意见》（以下简称《意见》）中也明确了会计师事务所作为独立主体的责任，规定了审计师对信息披露中重大违法问题的赔偿责任，使得审计师在股票发行上市环节中的法律责任得到强化。在执业过程中，审计师会保证审计质量，以规避诉讼风险，减少自身由于"深口袋"现象带来的损失。《意见》中还增加了对中介机构的诚信记录、执业情况的公示，更加强化了审计师声誉机制的作用。

因而，无论是出于对声誉的考虑，抑或是对诉讼风险的规避，身份特征的审计师都有强烈的动机保持自身的独立性，提高信息质量。而审计师的声誉资本越多，他们就会更加约束自身行为，尽责勤勉地提高信息质量，这有助于降低缺乏信息的投资者对不确定性水平的判断，准确评估发行公司的价值，降低股票发行的抑价。据此，提出如下假设：

H7-1：签字注册会计师的身份特征程度越强，IPO 抑价程度越低。

---

① 例如，前五大之一的安达信会计师事务所在经历"安然事件"后，最终解散。
② 摘自孟子《滕文公上》。

7.3.2　审计师个人层面的作用机理

大型事务所通常被认为拥有更高的审计师声誉，其审计质量也越高（DeAngelo，1981）。国外的经验研究支持了四大具有更高的审计质量这一论述（Becker et al.，1998；Francis et al.，1999；Kim et al.，2003），针对我国审计市场的研究也得到了相同结论（Chan and Wu，2011；DeFond et al.，2000；漆江娜，2004；蔡春等，2005；张奇峰，2005；Wang et al.，2008）。一些文献也用四大或国内十大作为审计师声誉的替代变量，发现聘任具有高声誉的大型事务所能让投资者获得更为准确可靠的会计信息，向潜在投资者传递公司的价值信号，降低发行公司的事先不确定性，进而降低股票抑价水平（Beatty and Ritter，1986；Titman and Trueman，1986；Beatty，1989）。同时，一部分学者的研究提出了相反的经验结果，认为四大会计师事务所的审计质量并不高，甚至低于一些小型会计师事务所的审计质量（夏立军，2002；李爽和吴溪，2002；刘峰和周福源，2005）。可见，现有仅仅立足于会计师事务所层面和分所层面的审计师职业声誉研究，缺乏对审计师个人特征的考虑，可能会导致结果缺乏准确性。近20年来，心理学领域的研究者运用个体差异检验，发现决策中的个体差异（Stanovich and West，1998；Levin et al.，2000），审计师个体作为整个会计师事务所的一员，必然会受到事务所特征的影响。但作为一个独立的个体，有着完整的人格特征和身份特征，也有着自己的决策方式。在审计执业过程中，审计师个人作用大于事务所整体的影响力。审计业务的承接、审计流程的具体执行以及审计意见的发表均由审计师个人进行，虽然各个事务所层面有着严格的质量控制体系，但事务所的风险态度和谨慎性并不能完全代表审计师个人的风险偏好。

正如越来越多的研究表明审计师个人特征的重要性（DeFond and Francis，2005），审计师个人的声誉作用机理在研究中应该与事务所层面的声誉作用机理进行区分。2013年底，具有证券期货资格的会计师事务所已经全部完成转制。但即使采用不同的组织形式，审计师个人层面的声誉作用在审计质量的决定中仍然占据着重要的地位。具体来说，在有限责任制下，合伙人仅以享有的事务所财产份额为限承担责任，审计师的诉讼风险和法律责任并未有很强的约束性。即使在具备良好风险控制制度和控制程序的大型事务所内部，审计师仍有可能因为自身承担的风险损失有限，而降低其独立性和谨慎性（Firth et al.，2012）。然而，审计师的个人声誉作为一种补充约束机制，能缓解制度缺陷，约束审计师个人的自利行为。而转变为特殊普通合伙制后，规定因故意或重大过失造成损失的合伙人需要承担无限责任,加大了涉诉合伙人的责任承担,其目的也在于对审计师个人行为的约束。可见,相对于事务所整体的声誉和质量水平,审计师个人的信誉水平在声誉机制作用发挥上显得更为重要,即"人"的作用应该大于"所"的作用。

在大型事务所中(如国际四大或国内十大),由于事务所自身的声誉已经很高,投资者对经该事务所审计的IPO公司有一致的信任度,审计师之间的个人特质差异并不会影响到投资者对该事务所整体声誉的判断,因此,审计师个人的声誉水平对于提升信息质量的增量效用较小。但在小型事务所内部,由于其声誉度较低,投资者会更加关注审计师个人的独立性水平,且仅能依赖于审计师个人的独立性来决定对公司信息的真实性,投资者对审计师个人声誉的判断会反映到股票价格中,当审计师具有良好声誉时,其提供的鉴证信息更具有可信度,能有效降低信息不对称程度,降低股票折价程度,进而降低抑价水平。因此,在小型事务所中,"人"的作用会更加明显和突出。

H7-2:相对于大型事务所,小型事务所中的身份特征审计师能更有效降低IPO抑价程度。

7.3.3 发行制度的影响

虽然新股首日上市的抑价现象是世界各国资本市场上的普遍现象,但我国的抑价程度却更高。例如,1991~1996年A股市场发行抑价率为335%(陈工孟和高宁,2000),1995~2003年新上市的908只股票的平均抑价水平也有129%(刘煜辉和熊鹏,2005),2005年实行询价制度后的抑价水平也有48.38%(杨继军和赵昌文,2006),2009~2011年的非金融上市公司的IPO抑价水平为40.5%(胡丹和冯巧根,2013)。与之相对应,发达国家成熟市场的抑价程度不到10%(Loughran et al.,1994),如法国1983~1992年的平均抑价水平仅为4.2%。针对这一现象,陈工孟和高宁(2000)指出造成我国与西方市场抑价率差异的原因在于股票发行、上市机制以及政策规定和监督政策所具有的独特特征上(肖曙光和蒋顺才,2006)。制度的因素会影响到抑价程度,且自1999年我国正式实施《证券法》以来,发行制度经历了几轮改革,而制度的频发变动会引起证券市场的参与人行为特征改变,进而影响市场的运行情况(肖曙光和蒋顺才,2006)。因此,必须动态地考虑制度变迁对IPO抑价水平的影响。

信息的传递环境影响着审计师声誉作用的发挥。而我国的新股发行一直受到证券监管部门的管制,新股定价也未在市场化机制下运行。在审批制时期,监管部门对新股发行价格有严格的控制权力，审计师对抑价程度的作用较小。1999年6月以前，对于新股价格的定价一直沿用固定市盈率的方式，在13~17倍市盈率之间（刘煌辉和沈可挺，2011）。这种固定市盈率的定价方式使得价格制定缺乏市场机制的作用，而审计师的信号传递和鉴证功能在这种行政化定价的模式下难以充分发挥。虽然之后，证监会发布了《股票发行定价分析报告指引试行》，要求发行人和主承销共同协商确定新股价格，但最终定夺的权力仍旧需要得到相关审批，发行人确定的价格需要以定价分析报告的形式报证监会核准。可见，在这一时期，拥有着价格管制权力，证监会不仅需要承担监管责任，还需要承担发行人质量的实质性审核责任，这屏蔽了市场机制对资源的有效配置功能，严重扭曲了投资者和发行人直接的行为关系，审计师声誉机制的发挥受到限制。在2005年实施询价制度以后，机构投资者被赋予更多的定价话语权，对价格的行政性管制减弱。在询价制度下，聘请高质量审计师的公司更有可能获得机构投资者更高的价格认定，审计师声誉对抑价的作用更加明显。为了实现逐步向注册制改革的目标，2009年我国启动了四轮新股发行机制改革，作为中介机构的审计师信息责任加大，其在新股定价中的作用和地位也更加突出。信息披露是注册制的灵魂，随着市场化改革的深入，作为信息鉴证者的独立客观的审计师，在捍卫信息披露质量中的作用会更加凸显。审计师的"声誉担保"在市场化定价下，能充分反映到股票价格当中，进而进一步降低IPO抑价水平。由此，我们提出如下假设：

H7-3：随着股票发行市场化的推进，审计师声誉对IPO抑价的作用会更强。

7.4 样本选择与模型构建

本章研究的样本为1999~2018年首次公开发行的非金融类上市公司。由于注册制改革是渐进式的，2023年才正式全面实行注册制，为保证检验效果的纯净度，样本时间仅截止到注册制试点前的2018年。在样本的具体选取上（见表7-1），首先根据WIND数据库确定现有上市公司数目，共计2611家；再逐步剔除1999年之前和2018年之后上市的公司，共计776家；剔除金融类上市公司31家；剔除无法确定签字注册会计师的上市公司1家，增加已经退市的原上市公司12家，得到1815家IPO公司。其次依次收集了1815家上市公司的《招股说明书》及其附录，并根据其说明书中的审计报告确定签字注册会计师，剔除无法确定签字注册会计师的上市公司样本1个。最后根据确定的签字注册会计师，在会计师事务所官网、中注协网站、证监会网站、两大交易所网站以及财经门户网站确定签字注册会计师的身份特征情况。由于部分控制变量缺失，最终得到研究样本为1441家。

表7-1 样本选取过程 单位：家

现有上市公司（依据Wind数据库，截止到2015年1月27日）		2611
其中：	正常交易	2339
	暂停上市	4
	停牌	21①
	连续停牌超过3天	247
1. 减去1999年12月31日以前上市的公司		756
2. 减去2019年1月1日之后上市的公司		20
理论上1999年1月1日~2018年12月31日之间上市的公司		1835
3. 剔除金融类上市公司		31
4. 增加已经退市的原上市公司		12
5. 剔除无法确定签字注册会计师的上市公司		1
初始样本中IPO公司数		1815②
回归样本个数		1441

7.4.1 样本总体描述

截止到2019年1月27日，现有上市公司共计2611家，1999年以前上市的

---

① 已经退市的12家原上市公司如下：承德钒钛（600357）：2009年12月29日退市；山东铝业（600205）：2007年4月30日退市；中原油气（000956）：2006年4月退市；东北高速（600003）：2010年3月19日公司拆分为吉林高速和龙江高速上市公司；路桥建设（600263）：2012年3月1日退市；太行股份（600553）：2011年2月18日退市；上海航空（600591）：东方航空吸收合并该公司，2010年1月25日退市；包头铝业（600472）：2007年12月26日终止上市；天方药业（600253）：2013年7月15日退市；兰州铝业（600296）：2007年4月30日终止上市；国光瓷业（600286）：2007年5月31日终止上市；长丰汽车（600991）：2012年3月7日退市。

② 所得样本1815家为未加入任何控制变量前的原始样本数量。同时，宏良股份（002720）、奥赛康（300361）、慈铭体检（002710）3家公司在IPO过程中被叫停，未正式上市。因此，研究样本中并不包含这3家公司。

共计 756 家，2015 年上市的共计 20 家。

通过样本收集情况，发现审计师个人的身份特征类型呈现多样化特征，我们将其归纳为以下两大类：一类为荣誉类身份特征，包括审计师当前或曾经获得的高级荣誉、中级荣誉和一般荣誉的称号表彰等；另一类为基本类身份特征，即审计师在会计师事务所内担任的职务。针对这两种关联类型，进行了初步统计①（见表 7-2 和表 7-3）。

表 7-2　荣誉类身份特征

Var1 为签字的三个审计师中，有一人当年获得或以前获得过该类荣誉			
Var1	Freq.	Percent	Cum
0	1768	97.41	97.41
1	47	2.59	100
total	1815	100	

Var2 为签字的三个审计师中，有一人当年获得该类荣誉			
Var2	Freq.	Percent	Cum
0	1774	97.74	97.74
1	41	2.26	100
total	1815	100	

表 7-3　基本类身份特征

Var3 为签字的三个审计师中，有一人正在担任或以前担任过该类职务			
Var3	Freq.	Percent	Cum
0	1635	90.08	90.08
1	180	9.92	100
total	1815	100	

Var4 为签字的三个审计师中，有一人正在担任该类职务			
Var4	Freq.	Percent	Cum
0	1782	98.18	98.18
1	33	1.82	100
total	1815	100	

---

① 分类统计是基于 1815 个初始样本计算分析。

7 审计师身份特征与IPO抑价的实证研究

从上面两个统计列表中可知，共有47个样本的IPO签字审计师曾经或现在获得过各级荣誉或奖励，占比2.59%；而当年获得过荣誉奖励表彰的签字审计师有41个样本，占比2.26%。对于审计师以前获得过荣誉奖励的样本有180个，占比9.92%；而正在担任兼职顾问的审计师样本有33个，占比1.82%。

7.4.2 变量定义及回归模型

表7-4列示了本章所涉及的变量及其定义，具体如下。

表7-4 审计师身份特征与IPO抑价实证研究的变量定义

变量类型	变量名称	变量符号	定义
被解释变量	抑价程度	Underprice	股票首次公开发行的抑价率，等于首日收盘价与发行价格的差额占发行价格的比例
解释变量	荣誉类身份特征	Ryx	签字审计师是否正在或者曾经获得过各级荣誉奖励，是则取1
	基本类身份特征	Jbx	签字审计师是否正在或者曾经担任会计师事务所内的职务，是则取1
	身份特征哑变量	Totalgl	审计师是否正在或者曾经担任上述任意一种职务，是则取1
控制变量	发行中签率	Plotonln	网上发行的中签率，根据CSMAR数据库的"网上发行中签率"取值
	承销商声誉	Udwtrank	承销券商每年主承销业务排名是否在证券业协会公布的排名中位列前十，是则取1①
	四大与否	Big4	四大与非四大事务所哑变量，为四大会计师事务所则取1
	国内十大	Nation10	事务所当年是否在中注协该年公布的排名中位列前十，是则取1
	公司规模	Lnassets	公司总资产的自然对数
	资产负债率	Leverage	公司资产负债率
	公司年限	Age	公司上市年限
	间隔期	Gap	发行日期与上市日期之间的间隔天数
	发行在外股数	Outstdratio	发行在外的股数与总股数的比例
	企业性质	SOE	国有与非国有，国有企业则取1

---

① 针对每一家证券公司，该变量取值每年并非固定，而是根据证券业协会公布的排名逐年取值。这一点与前人研究不同，且更加精确。具体做法可详见后文针对模型定义的论述。对于变量Nation10也采用相同方式，针对事务所，逐年判断排名。

沿袭前人文献的定义，本书的被解释变量 IPO 抑价率的计算如下：

Underprice = $(P_{i1} - P_{i0})/P_{i0}$

其中，P_{i1} 为 i 公司上市首日的收盘价，P_{i0} 为 i 公司的发行价格，Underprice 代表着该公司发行抑价水平。如果该值为正，说明公司以低于其真实价值的价格发行上市，且其值越大，抑价水平越高。

解释变量为两类审计师身份特征类型，Ryx 为荣誉类身份特征变量，Jbx 为基本类身份特征变量。两个变量均使用哑变量进行表示，变量值为 1 时，表示拥有该类身份特征（即现在或曾经担任或获得过该类身份），变量值为 0 时，表示不具有该类身份特征类型。同时，我们还对审计师个人的总体身份特征情况进行了衡量，用哑变量 TotalTZ 表示，取值为 1 时，表示审计师至少拥有这两种身份特征类型中的任何一种，反之亦然。

本章构建了如下模型，来检验本章所提出的三个理论假设：

$$\begin{aligned}\text{Underprice} = &\alpha + \beta_1 \times \text{Ryx/Jbx} + \beta_2 \times \text{Udwtrank} + \beta_3 \times \text{Plotonln} + \beta_4 \times \text{Lnassets} + \\ & \beta_5 \times \text{Age} + \beta_6 \times \text{Leverage} + \beta_7 \times \text{Big4} + \beta_8 \times \text{Nation10} + \beta_9 \times \text{Gap} + \\ & \beta_{10} \times \text{Outstdratio} + \beta_{11} \times \text{SOE} + \sum \eta \times \text{Industry} + \sum \theta \times \text{Year} + \varepsilon \end{aligned} \quad (7-1)$$

为了评估审计师声誉对抑价的边际影响，参照已有文献，在模型中加入了控制变量。投行声誉一直以来被广泛证实能有效降低发行抑价水平（McDonald and Fisher，1972；Logue，1973；Carter and Manaster，1990；Tinic，1998；金晓斌等，2006；徐浩萍和罗炜，2007），我们加入的承销商声誉变量（Udwtrank）是根据中国证券业协会每年公布的"证券公司经营业绩排名"① 中"主承销家数排名"，逐年取排名前十位的券商作为高声誉承销商，并赋值为 1。Lee 等（1996）发现，IPO 发行规模与抑价水平存在相关关系，公司规模越大，其风险越小，不确定性更低，抑价水平也相应更低。因此，我们加入拟上市公司上市前资产规模的对数值（Lnassets）来控制与发行规模相关的系统性风险。通常，上市公司年限（Age）也会影响 IPO 公司风险水平，进而影响抑价率（Ritter，1984）。拟上市公司存续的时间越长，能给投资者带来关于生产投资方面的增量决策信息，而这些信息可有效降低投资者对公司不确定性风险的评估水平（Beatty，1989）。公式中还纳入了作为衡量资质好坏以及风险大小的上市前资产负债率（Leverage）。控制变量 Gap 表示发行日期与上市日期之间的间隔天数，正式上市日期与发行日期间隔越长，公司面临的不确定性风险更大（李常青和林文荣，2004），抑价程度可能会增加。由于已有文献表明事务所规模越大，其声誉越高（DeAngelo，

---

① 该排名从 2002 年开始公布，1999~2001 年样本中的承销商排名使用 2002 年排名进行替代。

1981），为了观察审计师个人的行业声誉对抑价的影响，排除事务所规模带来的影响，加入了事务所规模的控制变量，其中 Big4 为四大、非四大的哑变量；Nation10 则按照中国注册会计师协会自 2003 年公布的"事务所百强排名"中的排名前十位的内资事务所（不包含四大）进行判断①，如果事务所为排名前十的内资所，则该变量取值为 1，否则为 0。参照现有文献，我们还控制了发行在外的股票与总股本的比值（Outstdratio）、控股股东性质（SOE）以及衡量投资者情绪的上网发行中签率（Plotonln）的代理变量（刘煜辉和熊鹏，2005；胡丹和冯巧根，2013）。另外，模型还控制了行业和年度的固定效应。为了消除异常值的影响，本书对所有连续性变量都在 1%和 99%分位上进行了 Winsorize 处理。

7.5 回归结果与分析

7.5.1 描述性统计

表 7-5 是对全样本进行的描述性统计。从表中可知，平均抑价率为 0.770，最小值为-0.120，最大值为 3.810。而拥有荣誉类身份特征的 IPO 审计师数量要少于基本类身份特征的审计师数量，其中，荣誉类身份特征的均值为 0.020，表明有约 2%的公司聘请了具有行业荣誉的审计师。基本类身份特征的均值为 0.090，表明有大约 9%的 IPO 审计师获得过荣誉奖励的经历。在 IPO 承销业务中，有 51%的拟上市公司股票是由排名靠前的高声誉券商进行承销。而样本中的公司平均年龄为 7 年，资产负债率为 49.600，上市等待期为 33 天，发行流通股占总股本的 23%，而国有企业数量占到了 34%。

表 7-5 样本描述性统计

变量	均值	标准差	中位数	最小值	最大值
Underprice	0.770	0.800	0.520	-0.120	3.810
Ryx	0.020	0.150	0	0	1
Jbx	0.090	0.290	0	0	1

① 该排名从 2003 年开始公布，1999~2002 年样本中的事务所排名使用 2003 年排名进行替代。

续表

变量	均值	标准差	中位数	最小值	最大值
Udwtrank	0.510	0.500	1	0	1
Plotonln	0.820	1.300	0.450	0.030	8.850
Lnasset	20.190	1.110	19.96	18.57	24.70
Age	7.520	0.810	7.720	5.340	8.870
Leverage	49.600	15.140	51.090	12.580	82.080
Big4	0.050	0.220	0	0	1
Nation10	0.330	0.470	0	0	1
Gap	33.220	25.100	27.500	1	134
Outstdratio	0.230	0.070	0.200	0.060	0.440
SOE	0.340	0.470	0	0	1

7.5.2 回归分析

7.5.2.1 H7-1 的检验结果

表 7-6 提供了审计师个人身份特征与 IPO 抑价程度的回归结果，发现总体身份特征情况与抑价水平并无显著的关系，而荣誉类身份特征与 IPO 抑价程度在 1% 的水平下显著负相关（T=-3.66），基本类身份特征与 IPO 抑价程度在 10% 的水平下显著正相关（T=1.66）。平均而言，经过拥有荣誉类身份特征的审计师鉴证的 IPO 公司的抑价水平比不具有荣誉类身份特征的审计师所审计的 IPO 公司的抑价水平低 18.7%（表 7-5 中 Ryx 系数为 -0.187），而经过基本类身份特征的审计师鉴证的 IPO 公司的抑价水平相比不具有基本类身份特征的审计师鉴证的 IPO 公司的抑价水平高 9.2%（表 7-5 中 Jbx 系数为 0.092）。由该结果可知，审计师通过荣誉所获得的身份特征的确能显著降低 IPO 抑价水平。基本类身份特征虽然跟我们的预期不一致，但我们认为原因可能在于投资者的认知偏差。身份特征一直广泛地被认为是掩盖机会主义行为的工具，拥有身份特征的企业也通常被认为是一些质量不高的企业，特别是对于社会资本的认识上面，大部分投资者将这种资本认作是建立关联关系的途径。这一结果与一直以来文献中关于身份特征的负面作用一致，但这并不能否定审计师身份特征所具有的正向声誉作用。

表7-6 审计师个人身份特征与IPO抑价程度

变量	(1) 全样本 Underprice	(2) 全样本 Underprice	(3) 全样本 Underprice
TotalTZ	0.040 (0.96)	—	—
Ryx	—	-0.187*** (-3.66)	—
Jbx	—	—	0.092* (1.66)
Udwtrank	-0.053* (-1.76)	-0.051* (-1.70)	-0.053* (-1.76)
Plotonln	-0.055*** (-5.65)	-0.054*** (-5.64)	-0.055*** (-5.65)
Lnasset	-0.159*** (-6.70)	-0.158*** (-6.69)	-0.158*** (-6.65)
Age	0.008** (2.30)	0.008** (2.27)	0.008** (2.40)
Leverage	0.002* (1.75)	0.002* (1.79)	0.002* (1.76)
Big4	0.164* (1.81)	0.155* (1.71)	0.165* (1.83)
Nation10	-0.011 (-0.36)	-0.011 (-0.34)	-0.006 (-0.20)
Gap	-0.001 (-1.03)	-0.001 (-0.93)	-0.001 (-1.10)
Outstdratio	-0.126 (-0.30)	-0.123 (-0.30)	-0.115 (-0.28)
SOE	0.155*** (3.18)	0.155*** (3.16)	0.153*** (3.14)
Constant	4.315*** (8.22)	4.298*** (8.20)	4.291*** (8.16)
行业/年度	控制	控制	控制

续表

变量	（1）	（2）	（3）
	全样本	全样本	全样本
	Underprice	Underprice	Underprice
Observations	1441	1441	1441
R^2	0.537	0.538	0.538

注：①括号中为 t 值；②***、** 和 * 分别表示在1%、5%和10%水平上显著。③所有检验结果进行了 Huber-White 异方差修正。若无特别说明，下同。

在控制变量方面，三个回归中的承销商声誉（Udwtrank）与 IPO 抑价程度显著负相关。这与 Balvers 等（1988）、Carter 和 Monaster（1990）、Michaely 和 Shaw（1994）的结论一致，表明承销商声誉越高，的确能帮助投资者对公司价值进行正确判断，降低折价水平。与前人广泛的研究相同，公司规模（Lnasset）与抑价水平显著负相关。同时，投资者情绪（Plotonln）越高，其抑价水平越低，说明投资者的行为的确对市场走势有很大影响（胡丹和冯巧根，2013）。变量 Leverage 所对应的系数显著为正，说明资产负债率越高，公司的风险更大，投资者对企业的价值估计更低。变量 Age 与抑价水平正相关，对于公司年龄小的企业发展前景可能更好，抑价水平更低。由于我国股票设立的初衷是为解决国有企业融资困境，且在掌握上市审批权的情况下，无论企业资质好坏，企业都更容易实现上市。控股股东性质（SOE）与抑价水平显著正相关，说明国有企业并未得到市场较高的评估，也反映出投资者的理性。在事务所规模方面，仅四大会计师事务所对抑价有显著正向作用，这与之前国内文献使用四大非四大衡量事务所声誉所做的抑价研究结论一致（陈明海和李东，2004；邱冬阳等，2013）。

7.5.2.2 H7-2 的检验结果

表 7-7 报告了在考虑发行制度改革的因素下，审计师个人的身份特征对抑价程度的影响。除保荐制阶段以外，荣誉型身份特征在不同发行阶段均对抑价水平有显著降低，并且在显著性水平上逐渐增加。说明随着发行制度逐渐市场化，以信息披露为核心的注册制改革增强了审计师的信息中介功能，使审计师行业声誉更能充分发挥信号作用，降低投资者直接的信息不对称程度。从系数大小看，在审批制和核准制下，荣誉类审计师身份特征对 IPO 抑价的作用程度更大。原因可能在于审批制和通道制期间，抑价水平最高，因此审计师的声誉对抑价的降低幅度也越大。在保荐制的前期（2004~2008 年），审计师的荣誉类身份特征作用并不显著，而基本类身份特征却显著为正。探究其原因，一方面，由于在保荐制下，

证券公司的投行业务成为以保荐代表人为主体的团队运营模式,且随着保荐代表人数的增加,使得竞争更加激烈。而保荐代表人在同一时间内仅享有一个项目的签订权,这导致保荐代表人可能为了加快完成一个公司的上市项目,而聘请一些更容易与之合谋的独立性较差的审计师,导致审计师的声誉作用难以发挥。另一方面,屡遭诟病的证监会发审委随着 2005 年王小石案件的发生,被推上社会舆论的风口浪尖。投资者对监管部门权力失控和道德缺失的看法也使得身份特征被更加负面化,而投资者的这种负面看法也被反映到股价中,使得具有兼职顾问身份的审计师鉴证的上市公司的估价更低,发行价格出现折价。同时,在保荐制前期所反映出的基本类身份特征对抑价水平的正向作用,也为前一个假设的回归结果提供了侧面解释。并且,随着发行制度的市场化,基本类身份特征逐渐发挥出声誉作用,在市场化改革的过渡阶段,基本类身份特征的系数变为负,且 T 值大小也趋近于显著水平。

表 7-7 审计师个人身份特征与发行制度改革

变量	(1) 审批制（额度制） 1999~2000 年 Underprice	(2) 审批制（额度制） 1999~2000 年 Underprice	(3) 核准制（通道制） 2001~2003 年 Underprice	(4) 核准制（通道制） 2001~2003 年 Underprice	(5) 核准制（保荐制） 2004~2008 年 Underprice	(6) 核准制（保荐制） 2004~2008 年 Underprice	(7) 核准制（市场化改革） 2009~2014 年 Underprice	(8) 核准制（市场化改革） 2009~2014 年 Underprice
Ryx	-0.391** (-2.27)	—	-0.434** (-2.28)	—	0.0618 (0.23)	—	-0.140** (-2.41)	—
Jbx	—	0.179 (0.84)	—	-0.176 (-0.96)	—	0.340** (2.42)	—	-0.0563 (-1.25)
Udwtrank	0.040 (0.32)	0.044 (0.36)	0.117 (1.13)	0.094 (0.92)	-0.057 (-0.68)	-0.051 (-0.62)	-0.050* (-1.83)	-0.050* (-1.82)
Plotonln	-0.490*** (-3.12)	-0.472*** (-3.15)	-0.202** (-2.54)	-0.199** (-2.52)	-0.146 (-1.37)	-0.140 (-1.34)	-0.051*** (-6.88)	-0.050*** (-6.65)
Lnasset	-0.333** (-2.07)	-0.340** (-2.12)	-0.405*** (-5.07)	-0.416*** (-5.28)	-0.235*** (-4.81)	-0.225*** (-4.56)	-0.097*** (-3.28)	-0.097*** (-3.29)
Age	0.002 (0.09)	0.006 (0.28)	0.021 (1.12)	0.023 (1.18)	-0.008 (-0.63)	-0.005 (-0.36)	0.010*** (3.03)	0.010*** (3.00)
Leverage	0.001 (0.15)	0.002 (0.24)	-0.006 (-1.15)	-0.006 (-1.00)	0.002 (0.63)	0.002 (0.62)	0.001 (0.43)	0.001 (0.40)
Big4	0.816 (0.89)	0.803 (0.88)	0.452*** (2.83)	0.451*** (2.81)	0.113 (0.84)	0.126 (0.96)	0.355** (2.09)	0.351** (2.07)

续表

变量	(1)	(2)	(3)	(4)	(5)	(6)	(7)	(8)
	审批制（额度制）		核准制（通道制）		核准制（保荐制）		核准制（市场化改革）	
	1999~2000年		2001~2003年		2004~2008年		2009~2014年	
	Underprice	Underprice	Underprice	Underprice	Underprice	Underprice	Underprice	Underprice
Nation10	0.057	0.056	0.212*	0.254**	-0.005	0.023	-0.008	-0.011
	(0.60)	(0.59)	(1.76)	(2.10)	(-0.04)	(0.21)	(-0.17)	(-0.41)
Gap	0.004	0.001	-0.002	-0.002	-0.006***	-0.006***	-0.000	-0.00
	(0.42)	(0.23)	(-0.73)	(-0.75)	(-3.01)	(-3.04)	(-0.54)	(-0.54)
Outstdratio	-0.867	-0.976	-1.080	-1.257	0.878	1.157	-2.084**	-2.069**
	(-0.75)	(-0.84)	(-1.11)	(-1.31)	(0.94)	(1.25)	(-2.44)	(-2.43)
SOE	0.002	0.012	0.380**	0.399**	-0.010	-0.019	0.146***	0.151***
	(0.01)	(0.06)	(2.29)	(2.42)	(-0.10)	(-0.20)	(2.62)	(2.69)
Constant	8.476***	8.608***	9.847***	10.060***	5.302***	5.458***	3.025***	3.049***
	(2.63)	(2.67)	(5.59)	(5.79)	(5.11)	(5.10)	(4.45)	(4.48)
行业/年度	已控制	已控制	已控制	已控制	已控制	已控制	已控制	已控制
Observations	145	145	188	188	312	312	796	796
R^2	0.377	0.399	0.511	0.506	0.516	0.528	0.287	0.285

由表7-7的（1）~（6）列的回归结果可知，证券公司的声誉（Udwtrank）对于抑价水平的降低作用并不显著。在资本市场发展的初期，法律法规和证券公司的发展还不健全和成熟，声誉也未完全建立，且在不够市场化的我国股票市场，同样具有信号传递功能的券商难以充分发挥其声誉作用。而在市场化改革阶段，券商声誉对抑价有较强的作用，其系数显著为负，其余控制变量基本与前述相同。

7.5.2.3 H7-3的检验结果

为了检验H7-3，对模型进行了分组回归。虽然国外学者通过美国资本市场数据已经证实四大会计师事务所的声誉能有效降低发行抑价水平（Balvers et al.，1988；Beatty，1989），但国内学者利用中国数据的研究却并没有给出一致的意见。而我们发现，审计师个人的声誉作用大于会计师事务所整体的作用。由表7-8所列示的结果来看，相对于四大会计师事务所和国内十大内资事务所，在非四大会计师事务所和非国内十大会计师事务所中，审计师的身份特征对IPO抑价程度有更加显著的作用。这正如许多学者提到的那样，虽然会计师事务所为了保持审计质量的一贯性,会实行标准化的审计程序和集中的风险控制以控制质量,但审计师在执业过程中的判断更易受到个人特征的影响(Nelson and Tan, 2005; Gul et al., 2013)。具体来说,对于荣誉类身份特征在非四大会计师事务所和非国内十大内资所中,均在1%水平上有显著的负向作用($T_1 = -3.27$, $T_2 = -3.16$)。在国内十大内资所中具有荣誉类身份特征的审计师仅能在10%的水平上显著降低抑价水平($T=-1.68$),而四大会计师事务所对抑价的作用却不显著($T=0.24$)。而对于基本类身份特征的审计师,其在非四大会计师事务所和非十大会计师事务所的分组回归中的显著性水平也明显高于四大会计师事务所和十大会计师事务所,其符号为正,这可能源于一些关于兼职专家顾问的负面评价和报道,使得投资者对审计师基本类身份特征和兼职顾问经历存在认知偏差。尽管如此,仍然能够说明个人特征的重要作用。同时,非四大事务所和非十大会计师事务所本身声誉就不强,投资者也会更加关注审计师个人的声誉情况。

表 7-8　审计师个人身份特征与事务所声誉

变量	(1) 四大	(2) 非四大	(3) 四大	(4) 非四大	(5) 十大	(6) 非十大	(7) 十大	(8) 非十大
				Underprice				
Ryx	0.107 (0.24)	-0.177*** (-3.27)	—	—	-0.128* (-1.68)	-0.232*** (-3.16)		
Jbx	—	—	0.300 (1.21)	0.093* (1.66)			-0.024 (-0.43)	0.144** (2.01)
Udwtrank	-0.092 (-0.60)	-0.048 (-1.59)	-0.076 (-0.51)	-0.049 (-1.63)	-0.054 (-1.28)	-0.048 (-1.19)	-0.055 (-1.30)	-0.050 (-1.24)
Plotonln	-0.031 (-0.67)	-0.052*** (-5.82)	-0.028 (-0.61)	-0.050*** (-5.52)	-0.049*** (-4.08)	-0.060*** (-4.11)	-0.050*** (-4.10)	-0.062*** (-4.11)
Lnassets	-0.252*** (-4.16)	-0.132*** (-5.50)	-0.264*** (-4.23)	-0.153*** (-6.15)	-0.097*** (-2.64)	-0.194*** (-6.42)	-0.096*** (-2.59)	-0.195*** (-6.46)
Age	0.036 (1.42)	0.006* (1.70)	0.036 (1.42)	0.006* (1.86)	0.004 (0.95)	0.010** (2.03)	0.004 (0.90)	0.011** (2.24)
Rate3	-0.003 (-0.81)	0.002* (1.72)	-0.003 (-0.69)	0.002* (1.84)	0.002 (0.90)	0.002 (1.46)	0.002 (0.86)	0.002 (1.52)
Big4	—	—	—	—		0.234** (2.45)		0.251*** (2.62)

续表

变量	(1) 四大	(2) 非四大	(3) 四大	(4) 非四大	(5) 十大	(6) 非十大	(7) 十大	(8) 非十大
	Underprice							
Nation10	—	0.011 (0.36)	—	0.014 (0.46)	—	—	—	—
Gap	-0.001 (-0.29)	-0.000 (-0.49)	-0.001 (-0.27)	-0.000 (-0.69)	-0.000 (-0.33)	-0.001 (-0.87)	-0.000 (-0.32)	-0.001 (-1.16)
Ratio	-3.283* (-2.01)	0.290 (0.70)	-3.251* (-1.98)	0.126 (0.30)	-0.958 (-1.46)	-0.123 (-0.25)	-0.915 (-1.40)	-0.151 (-0.31)
SOE	0.757*** (4.49)	0.122** (2.45)	0.783*** (4.56)	0.120** (2.41)	0.0871 (1.19)	0.183*** (2.86)	0.0840 (1.14)	0.177*** (2.76)
Constant	5.370*** (3.01)	3.835*** (7.37)	5.569*** (3.10)	4.178*** (7.83)	3.368*** (3.86)	5.021*** (7.51)	3.337*** (3.81)	5.051*** (7.58)
行业/年度	已控制	已控制	已控制	已控制	已控制	已控制	已控制	已控制
Observations	75	1366	75	1366	492	949	492	949
R^2	0.733	0.557	0.738	0.559	0.514	0.531	0.513	0.532

7.5.3 进一步检验

前文的研究主要验证了审计师个人现在或者曾经的获奖经历对首发抑价的影响，为了检验当年具有的身份特征对首发抑价的作用，对审计师现在正在担任所内职务以及当年获得荣誉奖励的情况进行单独考虑。表7-9的回归结果表明，当审计师当年获得荣誉奖励的时候，对发行抑价有显著降低（T=-4.25），且这种负向作用的显著性也更高，而审计师正在担任所内职务时，对抑价水平并没有显著作用。

表7-9 审计师个人身份特征是否当任与IPO抑价

变量	(1) 全样本 Underprice	(2) 全样本 Underprice
Ryxdrf	-0.210*** (-4.25)	—

续表

变量	(1) 全样本 Underprice	(2) 全样本 Underprice
Jbxdrf	—	0.157
		(1.42)
Udwtrank	−0.051*	−0.055*
	(−1.71)	(−1.83)
Plotonln	−0.054***	−0.054***
	(−5.62)	(−5.58)
Lnasset	−0.158***	−0.158***
	(−6.70)	(−6.68)
Age	0.008**	0.008**
	(2.30)	(2.30)
Leverage	0.002*	0.002*
	(1.80)	(1.74)
Big4	0.154*	0.161*
	(1.70)	(1.78)
Nation10	−0.0120	−0.0104
	(−0.39)	(−0.34)
Gap	−0.001	−0.001
	(−0.93)	(−0.98)
Outstdratio	−0.129	−0.117
	(−0.31)	(−0.28)
SOE	0.155***	0.157***
	(3.18)	(3.22)
Constant	4.303***	4.299***
	(8.21)	(8.20)
年度/行业	已控制	已控制
Observations	1441	1441
R^2	0.538	0.537

7.6 稳健性回归

由于审计师选择可能存在自选择问题，即具有高声誉的审计师所审计的客户是自身质量较好的客户，一级市场的价格较高，抑价程度较低。为了排除这样的因素影响，参考王兵等（2009）以及 Willenborg（1999）的研究，使用 Heckman 两阶段回归进行稳健性回归。其审计师选择模型如下：

$$TotalTZ\_dum = \alpha + \beta_1 \times Lnassets + \beta_2 \times Age + \beta_3 \times Leverage + \beta_4 \times SOE + \beta_5 \times Totshare + \beta_6 \times Npps + \varepsilon \quad (7-2)$$

其中，被解释变量 TotalTZ_dum 为审计师是否具有身份特征的哑变量，Totshare 为发行总股本，Npps 为每股净收益。其余变量如同前述。

根据表 7-10 的两阶段回归结果可知，逆米尔斯比并不显著（$T_1 = 0.60$，$T_2 = 0.54$），说明并不存在严重的自选择问题。即使在控制了自选择问题后，荣誉类身份特征依然显著，而基本类身份特征则不显著。可知自选择问题并没有对我们的研究结论产生很大的影响，主回归结论较为稳健。

表 7-10 稳健性回归

变量	(1) Underprice	(2) Totalpolityn	(3) Underprice	(4) TotalTZ_dum
Ryx	-0.363** (-2.44)	—	—	—
Jbx	—	—	0.134 (1.21)	—
Udwtrank	-0.159 (-1.54)	—	-0.177* (-1.70)	—
Plotonln	-0.106*** (-3.16)	—	-0.108*** (-3.20)	—
Lnassets	-0.128 (-1.48)	-0.0109 (-0.11)	-0.125 (-1.46)	-0.0109 (-0.11)
Age	-0.033** (-2.03)	-0.005 (-0.58)	-0.031** (-1.97)	-0.005 (-0.58)

续表

变量	(1) Underprice	(2) Totalpolityn	(3) Underprice	(4) TotalTZ_dum
Leverage	0.009 (1.40)	0.003 (0.81)	0.008 (1.41)	0.003 (0.81)
Nation10	−0.167 (−1.41)	—	−0.173 (−1.41)	—
Big4	0.121 (0.27)	—	0.149 (0.33)	—
Gap	0.000 (0.13)	—	0.000 (0.08)	—
Outstdratio	0.394 (0.40)	—	0.468 (0.47)	—
SOE	0.271 (1.31)	−0.0544 (−0.55)	0.278 (1.40)	−0.0544 (−0.55)
Totshare	—	0.0150 (0.14)	—	0.0150 (0.14)
Npps	—	0.122 (0.99)	—	0.122 (0.99)
Lambda	1.213 (0.60)	—	1.030 (0.54)	—
Constant	1.440 (0.38)	−1.225 (−1.47)	1.520 (0.41)	−1.225 (−1.47)
Observations	1441	1441	1441	1441
Wald χ^2	62.39		61.97	

7.7 本章小结

作为独立提供信息鉴证服务的中介机构,审计师的声誉是其取信于社会的体现。审计师个人通过荣誉表彰而获得的身份特征作为声誉的象征,在IPO市场中，能显著降低新股发行的抑价水平。本书在将审计师身份特征类型区分为荣誉类身份特征和基本类身份特征后，发现具有荣誉类身份特征的审计师能显著降低发行抑价。进而，本书对不同事务所规模的审计师进行分别回归，结果发现在小型事务所中具有身份特征的审计师，其声誉作用更强。这充分说明了审计师个人作用强于事务所整体作用，且当审计师所在的会计师事务所规模和声誉较低的情形下，投资者将更加关注审计师个人的独立性水平和声誉高低。并且，本书还发现随着发行制度更加市场化，审计师个人身份特征的声誉作用会变得更强，更能显著降低发行抑价水平。进一步地，审计师的个人身份特征属于当任情形的，其声誉对 IPO 抑价程度也更强。

总体而言，本章的结论显示了中国资本市场中，审计师通过荣誉表彰而获得的身份特征作为一种声誉，在一定程度上对降低发行抑价发挥了显著的作用。这一结论对证券监管机构、注册会计师行业以及投资者自身都具有重要参考价值。对于证券监督机构而言，要解决由信息不对称导致的抑价问题，除了确保将所有信息更加全面地置于阳光之下，更重要的是确保信息的真实性和准确性，才能使股票定价更加市场化，最终保护广大投资者的利益。而审计师对上市企业财务信息的鉴证作用，在现阶段以"信息披露"为核心的注册制改革背景下，其地位更加重要。拥有良好声誉的审计师具有更高的独立性和更高的审计质量，而在市场化的发行制度下，注册会计师的责任更加重大。以审计师声誉为代表的中介声誉机制的建立，是推行和实施证券监管市场化的必要前提。只有充分发挥审计师的声誉机制作用，才能更好地实现市场主体自发地优化资源配置。对于审计师行业而言，行业管理上需要重视对审计质量的提高，鼓励审计师逐步树立和维持行业声誉，使审计行业取信于投资者，才能最终充分发挥资本市场信息鉴证的功能。本章的结论也使得投资者能增强对信息的理解，更好地评估公司的价值。对于投资者来说，应正确理解审计师个人声誉的价值，荣誉奖励是审计师独立性和审计质量的体现，代表着审计师个人的职业声誉。

8 审计师身份特征与代理问题的实证研究

8.1 问题的提出

现代企业中存在双重代理问题。一方面，外部经理人市场还未完全形成，由所有权和经营权相分离而导致的股东与管理层之间的第一类代理问题仍然存在。另一方面，股权集中度上升，大股东和小股东之间的矛盾形成了第二类代理问题。在同时存在两种代理问题的情况下，会计信息质量下降，投资者的利益难以得到保证，需要完善的公司治理机制以有效降低代理成本。信息披露质量是公司治理水平高低的重要特征，而公司信息中的盈余信息质量高低更是公司治理优劣程度的核心（胡奕明和唐松莲，2008）。独立审计作为公司治理的重要组成部分，是降低代理成本的一种机制，其作用正是在于对公司盈余信息进行鉴证，降低由代理问题带来的信息不对称，保护投资者利益。代理问题越严重，对高质量审计的需求也就越大（Defond，1992）。而大量的经验研究证明，不同规模和声誉的审计师所提供的审计服务存在异质性，审计质量存在差异（DeAngelo，1981；Watts and Zimmerman，1981；Palmrose，1988）。因此，对不同质量的审计需求就转化为对不同质量审计师的需求。审计师身份特征作为审计师声誉的昭示，代表着更高的审计质量和独立性，从理论上说，必然也能在降低双重代理问题中发挥作用，提高会计信息质量。同时，在代理冲突越严重的公司，其对身份特征的审计师需求越强烈。

国外的研究已经表明，公司代理成本越高，就越有动机选择高质量的审计师以降低代理问题。但这类研究主要是基于美国等资本市场，与市场化更高、经理人和控股股东市场更完备的发达国家相比，我国的特殊股权结构特征、国有股"一股独大"、内部治理机制不够完善都使得我们需要围绕中国资本市场针对高质量审计对代理问题的降低作用进行考察。同时，对于高质量审计师的衡量普遍使用四大或国内十大进行代表，我们试图使用审计师身份特征作为审计质量的替代变量进行检验，也是对审计师身份特征的声誉价值在双重代理问题下的进一步检验。

8.2 相关研究回顾

现代企业的代理问题主要是双重代理问题：一类是所有者与经营者之间的代理问题；另一类是大股东与小股东之间的代理问题。在一些资本市场发展完善的国家，代理问题主要属于第一类代理问题（Jensen and Meckling，1976）。而在亚洲一些股权高度集中的市场里，代理问题主要属于第二类代理问题（Joseph and Wong，2002）。处于转型经济中的我国，同时存在这两种代理问题。既存在管理层和股东的代理问题，也存在由国有股"一股独大"导致的大股东与中小投资者之间的代理问题。外部审计正是基于解决代理问题、保护投资者利益而产生的。现有文献关于代理问题与审计监督机制发挥的文献主要研究两类代理问题对审计需求、审计师选择和审计师质量的影响。

8.2.1 第一类代理问题与审计机制

对于第一类代理问题的治理已成为近20年的热点（谢盛纹，2011）。由于委托人和代理人之间的信息不对称，导致了需要对管理层进行监督以降低道德风险（Jensen and Meckling，1976）。Alchain 和 Demsetz（1972）发现，随着所有权分散程度的增加，股东对管理层机会主义行为的约束能力加强，并能提高管理层变更的代理权转让成本。Fama 和 Jensen（1973）指出在股权分散的大公司中，可以通过将管理决策和控制分离开来限制管理者的道德风险。与之相反，Pound（1993）则认为，股权高度分散导致股东"用脚投票"，而如果股权较为集中于少数股东，大股东更有动力去监督管理层的行为，从而降低监督的外部性及管理层代理成本。而 Jensen 和 Meckling 针对管理者持股这一现象提出，随着管理者持股比例的增加，管理者与股东的利益趋于一致，管理者更加严格自律减少在职消费，企业管理层的代理问题更趋于缓和。另一些研究基于债务融资探讨了其对代理成本的影响，负债率越高，管理层的代理成本就越小。这些研究认为债务风险的增加会促使管理者缩减额外支出，提高经营效率性和效果性（Berger，1997）。此外，公司规模和成长性也会影响代理成本的高低。企业规模越大，总的管理层代理成本也越大；公司的成长性较低，管理者与所有者之间的冲突也越大，代理成本也越高。

为了减轻代理问题，监督管理层和经理人是否勤勉尽责地工作，保证管理当局所披露的财务报告是否能真实反映企业经营状况，审计机制应运而生。审计师通过对财务报告信息的鉴证，监督管理层在经营过程中是否存在侵占股东利益的行为，以缓解代理冲突，降低信息不对称。由于不同的审计师具有不同的特征，以至于审计质量具有异质性，对于降低管理层代理问题的作用程度也有所差异。作为高质量的审计更能发挥对企业管理层的监督作用，对代理人的道德风险的抑制作用越强，管理层的在职消费水平和效率损失就越小，代理成本也得到降低（高雷和张杰，2011）。

同时，代理成本的高低也会影响公司的审计需求（Gul and Tsui，2001），代理成本越高，公司对高质量审计师的需求也就越大（Fan and Wong，2002；王艳艳等，2006）。高质量审计被存在较为严重代理问题的公司所需要，其原因在于高质量的审计的确能降低管理层和股东之间的信息不对称。Defond（1992）发现代理问题越严重，委托人对于降低代理成本的意图就越明确，对高质量审计的需求动机也更强。廖义刚等（2009）发现，如果同时考虑外部审计机制和公司杠杆治理机制，从边际上来说，可大幅度降低负债的代理成本。且这种边际效果在非国有企业内部效果最明显。杨德明等（2009）则提出，审计机制可以作为一种内部治理机制，对管理层代理问题进行监督和约束。

8.2.2 第二类代理问题与审计机制

亚洲东部国家股权通常较为集中，进而产生了大股东侵占小股东利益的第二类代理问题（Shleifer and Vishny，1997），特别是对于投资者保护比较弱的发展中国家和新兴的市场经济体中，这种股权集中的程度更高。且这些企业主要是相关部门控制或者家族企业，控股股东普遍通过金字塔结构或者交叉持股的方式使得控制权大于现金流权（Claessens，2000）。在这样的股权结构下，大股东可以通过关联交易转移利益，并向控股股东及其他子公司提供担保等进行"隧道挖掘",掏空上市公司的利益（Johnson et al.，2000；Claessens et al.，2000）。国内研究学者发现中国上市公司也普遍存在这类问题，控股股东通过"金字塔"结构和交叉持股等复杂的股权结构，侵占外部股东的利益（张华等，2004；李增泉等，2005；姜国华和岳衡，2005；叶康涛等，2007）。伍丽娜和朱春艳（2010）发现大股东为了顺利实现减持套现，会通过盈余管理行为影响股价，同时大股东会与审计师进行合谋，达到使审计师配合大股东减持套现而降低盈余质量的"审计意见购买"。对于资本市场较为成熟的发达国家而言，股权通常比较分散，其代理冲突也主要集中在管理当局与公司股东、债权人之间（Berly and Means，1932；Jensen and Meckling，1976）。而近年来股权集中的现象在美国的上市公司中逐渐出现（Shleifer and Vishny，1986；Morck et al.，1988；La Porta et al.，1999）。

在第二类代理问题对审计需求的影响方面，以东亚转型经济为样本的研究发现，企业的代理问题并未增强企业对高声誉审计师的需求，相反，由于该地区在关系型社会下主要以关系为交易基础，为了掩盖其通过关系寻求机会主义利益的行为，企业更倾向于聘请低质量的审计师以降低审计机制的外部治理作用（Backman，1999）。Chow（1982）利用公司自愿性审计的相关数据，从负债、公司规模和管理层持股方面检验了代理问题对审计需求的影响。结果发现负债水平和公司规模与审计需求之间是正向关系，而管理层只顾对审计需求的影响并不显著。杜兴强（2010）的研究结论认为，正因为外部审计机制会抑制大股东的资金占用，大股东为了避免审计机制对其侵占中小股东利益的干扰，会更不倾向于选择高质量的审计师。张利红和刘国常（2013）使用非标审计意见衡量审计对代理问题的治理作用，并比较了审计机制在股权分置改革前后对大股东"掏空"行为治理效应的变化。结果表明，在股权分置改革后，大股东为了达到套利的目的，存在审计意见购买的情况。大股东会聘请那些能与自身利益保持一致的审计师，而不是审计质量高、独立性强的审计师，这时的审计机制对大股东侵占行为的约束和监督作用较弱。而也有一些经验证据却与上述结论不一致。基于对审计师选择的研究表明，会计师事务所选择与企业规模相关，企业规模越大，则越会选择声誉较高的大型事务所。但这些研究未发现企业股权结构和负债比例等代理问题因素对审计师选择的显著影响（Francis and Wilson，1988；Eichenseher and Shield，1989；Defond，1992）。

8.3 理论分析与研究假设

8.3.1 第一类代理问题、审计师身份特征与会计信息质量

经营权和所有权的分离是现代公司制的基本特征（Berle and Means, 1932）。审计正是基于两权分离而产生的，其目的是考察代理人是否偏离委托人目标，解除代理人的受托经济责任的监督机制。股东虽拥有终极所有权，但实践中代理人掌握着企业的实际经营决策权。由于缺乏信息，企业所有者无法获取企业的各种盈利机会的信息，也不能观察到代理人的行为。委托人只能通过会计信息系统加工处理后的企业会计剩余。为了实现激励相容，股东会给予代理人一定的股权激励，让经理人参与企业经营剩余的分配。这使得管理人员的薪酬直接与公司经营业绩挂钩，提高了管理层的工作积极性。但这一制度安排使企业管理当局产生了盈余管理的动机（Wallace, 1980），因为只有企业盈利水平更高，其与业绩挂钩部分的薪酬才会更高。与此观点类似，Watts 和 Zimmerman（1986）提出了红利假设，即认为管理当局之所以关心会计政策制定，准则的制定会影响管理层对会计政策的选择范围，进而影响管理层通过盈余管理最大化会计盈余以获得更多分红的目的。同时，道德风险和机会主义倾向的存在还可能使经营管理者通过偷懒和在职消费获取私利。管理者为了掩盖其不努力的经营行为，可以通过操纵会计盈余达到调高利润，以向所有者传达良好经营业绩的目的。因此，在第一类代理问题存在的情况下，管理层有强烈动机操纵会计盈余，并导致会计信息质量较低。

外部审计是资本市场会计信息质量的重要保障，是降低代理问题的重要力量，对公司盈余管理行为的重要监督机制。正是基于对经营管理者的行为约束，审计作为一种监督机制被引入企业治理中机制。审计师在代理问题中的作用主要是监督管理层是否遵循了通用会计准则，并对管理层使用公认会计准则计量企业会计盈余的行为进行鉴证，透过会计盈余的生产过程来衡量企业管理层是否认真履职为股东谋取利益，从而达到对管理层的监督职能。已有的研究表明，审计能有效控制管理层的道德风险，并能约束管理层的盈余操纵行为。Francis 等（1999）发现，外部审计能限制企业的机会主义盈余管理行为，并最终降低代理

成本。王艳艳等（2006）则通过四大和非四大对企业操控性应计降低程度的比较，发现代表着高质量和高声誉的四大会计师事务所对盈余管理水平的降低作用更强，更能限制管理层的机会主义行为。据此，提出如下假设：

H8-1：审计师身份特征程度越强，对第一类代理问题的抑制作用更强。

8.3.2 第二类代理问题、审计师身份特征与会计信息质量

在控制权和现金流权分离的情况下，终极控制人主要通过金字塔控股设计（Pyramid Shareholding Schemes）、交叉持股（Cross-Shareholdings）和有限投票权（Superior Votingrights）等方式对企业实现最终控制（Bebchuk et al., 2000）。而控股股东对上市公司的生产经营、筹资、投资活动所享有的控制程度要高于其实际的现金流权，即为其承担的责任小而享受的权力大，这可能导致控股股东为了实现自身利益，而选择损害中小股东的利益。我国的资本市场设立的初衷即是帮助国有企业解决融资问题，上市公司中有84%均非由企业控制（刘芍佳等，2003），且存在"一股独大"的问题。

控股股东有动机去操纵会计盈余：一方面，在上市公司中，大股东可以通过盈余管理操纵会计利润，达到抬高股价进而实现套利的目的（张利红和刘国常，2013）。在股票减持过程中，大股东也可以通过操纵信息披露来影响股票价格，进而损害中小股东利益（吴育辉和吴世农，2010）。另一方面，控股股东通常使用交叉持股以及以低价向上市公司购买产品等手段，将上市公司利益转移到自己手中。而为了掩盖这样的违法行为，维持投资者对上市公司的良好判断，控股股东会运用盈余操控粉饰公司经营业绩而蒙混过关。而外部审计的作用在于，通过分析财务报告的信息，对会计信息背后所承载的财务状况、盈利水平和现金流状况等信息的真实性、准确性进行分析判断，并进而对会计信息产生过程所涉及的经营环节进行审查。同时，这一过程可以对控股东的行为进行监督，有利于降低控股股东的机会主义倾向。身份特征的审计师具有较高的社会声誉，审计质量和独立性都较高。而且这类通过获得身份特征的审计师，往往有着良好的执业能力和行业专长。而审计师的行业专业性越强，审计质量更高，更能降低代理成本（谢盛纹，2011）。据此，提出如下假设：

H8-2：审计师身份特征程度越强，对第二类代理问题的抑制作用更强。

8.3.3 代理问题、审计师身份特征与事务所选择

对于管理者与所有者之间的代理问题，在存在管理者机会主义行为的企业

中，管理者会通过盈余管理行为操纵公司盈余，试图掩盖其在经营过程中的偷懒以及获取私利的行为给公司利益造成的影响，以免自身行为暴露而受到惩罚。由于审计师会对财务报告所包含的盈余进行审计，并且可通过对财务报告信息的鉴证过程，掌握对公司的整个经营状况和管理者是否勤勉尽责地履行股东托付的受托经济责任情况。因而，为了避免自身侵占公司利益的行为和盈余操纵行为被审计师发现，管理人员不愿意聘请高质量的审计师进行审计。具体到具有身份特征的审计师，他们凭借其身份特征而获得了行业声誉，而这种身份特征往往是社会对于其高独立性、高职业素质的肯定，相对于以规模来体现声誉的审计师不同，身份特征审计师的声誉对审计师的约束力度更强，与客户合谋或达成审计意见购买的可能性更低。所以，管理层更不愿意聘请身份特征的审计师。同时，虽然现代公司制度规定审计师的聘任由股东大会最终决定，但在实际操作过程中，管理层对于具体推选和圈定备选审计师有着很大的左右权力。据此，提出如下假设：

H8-3a：第一类代理问题越严重的公司，越不倾向于聘任身份特征程度较高的审计师。

对于大股东和小股东之间的代理问题，在司法体系不够健全、外部制度环境不够完善的背景下，需要审计机制去约束控股股东获取控制权私利的行为。出于对自身既得利益的保护，大股东有动机逃避高质量的审计监督。但是，一旦外部投资者预期到大股东会对公司利益进行侵占，则会通过压低股票价格或低价购入股票来实现自我保护。这类由代理问题导致的价值损失，最终需要股东和企业自身承担。而作为大股东，其所持股份比例较大，损失也更为严重。因此，控股股东需要权衡既得的控制权私利和市场惩罚成本（王艳艳和廖义刚，2009）。而获得市场投资者的信任、维持上市资格是大股东长远利益之所在。同时，小股东也有监督公司公平有效运行的情况，因此，第二类代理问题较为严重的企业会聘请高质量的审计师。一方面可以满足小股东对公司治理进行有效监督和保证的需要；另一方面也可以通过聘请高质量审计师向投资者传递良好的公司质量信息，降低公司与投资者之间的信息不对称，从而吸引更多的投资者，获得更广泛的资金支持，降低资本成本。Fan 和 Wong（2005）的研究发现，东亚国家的企业所有权和控制权分离程度越高，企业聘请四大的动机越强。Choi 和 Wong（2007）也提出类似观点，认为由于审计机制能有效保护中小投资者的利益，在股票发行阶段企业更倾向于任用四大会计师事务所来传递良好的信号。因此，在股权集中的公司当中，两权分离度越大，企业聘请高质量审计师的动机也越强。由前述可知，审计师的身份特征可以作为一种社会声誉，是高审计质量的代表，在代理问题严重的公司能发挥有效的外部治理作用。据此，提出如下假设：

H8-3b：第二类代理问题越严重的公司，越倾向于聘任身份特征程度较高的审计师。

8.4 样本选择与模型设计

8.4.1 样本选择及关键变量衡量

本章主要使用2006~2012年A股上市公司为样本，并剔除了金融行业的公司，根据CSMAR数据库提供的上市公司财务数据，获得样本共计5826个。

本章的重要解释变量为审计师身份特征度（Socialidentity），该变量主要是基于中国证券监督管理委员会官方网站、中国注册会计师协会官方网站、各大会计师事务所的官方网站以及财经信息门户网站等披露的公开信息，通过手工整理而得来。把审计师身份特征定位于具有证券期货资格事务所的合伙人层面，原因在于，事务所合伙人是事务所经营决策的掌权人，影响着事务所客户承接、审计定价以及审计意见的发表等各个环节的运行；并且，通常具有身份特征的审计师都是有一定专业资历的资深注册会计师，而他们通常都是合伙人。各个事务所的合伙人名单根据中国注册会计师行业管理信息系统中的查询而来，并考虑到合伙人流动因素，对各个事务所合伙人名单进行了一定调整。从指标的构建上，参照了现有关于身份特征的衡量方法（胡旭阳，2006；王庆文和吴世农，2008；潘克勤，2009；邓建平和曾勇，2009；杜兴强，2010），包括会计师事务所合伙人所拥有的基本类身份特征、专业类身份特征和荣誉类身份特征共计三大类，并按照不同的级别进行加权[①]。

对于代理问题的衡量方面，参照前人的研究，使用管理费用率（Mgf）作为第一类代理成本的替代变量（王艳艳等，2006）。由于第一大股东的控制权和现金流权分离度由公司机制决定，因此它是衡量代理成本最为重要的指标（吴联生和刘慧龙，2008）。基于此，参照普遍使用的两权分离度指标（Separattion）作为衡量第二类代理问题的替代变量。

$$Mgf = Totmgf/Totassets \tag{8-1}$$

[①] 该指标的具体计算和三大类关联所包含的详细内容与上一章节提到的身份特征衡量方式一致。

其中，Totmgf 为公司该年的管理费用总额，Totassets 为公司年末资产总额。

$$Separattion = (Controlrights - Cashflowrights)/Controlrights \qquad (8-2)$$

其中，Controlrights 为控股股东所拥有的控制权，Cashflowrights 为控股股东所拥有的现金流权。

8.4.2 模型设计

为了检测审计师身份特征对两类代理问题的影响，以及在不同代理问题下的审计需求，设立了如下三个模型：

$$\begin{aligned}|DA| = &\alpha + \beta_1 \times Mgf + \beta_2 \times Socialidentity + \beta_3 \times Mgf \times Socialidentity + \beta_4 \times BM \\&+ \beta_5 \times Growth + \beta_6 \times Netear + \beta_7 Cros + \beta_8 \times Age + \beta_9 \times Lnassets + \beta_{10} \times Leverage \\&+ \beta_{11} \times Income + \beta_{12} Invratio + \beta_{13} Recvratio + \beta_{14} Roa + \beta_{15} \times Duality \\&+ \beta_{16} \times Independent + \beta_{17} \times Meeting + \beta_{18} \times Loss + \sum \eta \times Industry + \sum \theta \times Year + \varepsilon \end{aligned}$$
$$(8-3)$$

$$\begin{aligned}|DA| = &\alpha + \beta_1 \times Separation + \beta_2 \times Socialidentity + \beta_3 \times Separation \times Socialidentity \\&+ \beta_4 \times BM + \beta_5 \times Growth + \beta_6 \times Netear + \beta_7 Cros + \beta_8 \times Age + \beta_9 \times Lnassets \\&+ \beta_{10} \times Leverage + \beta_{11} \times Income + \beta_{12} Invratio + \beta_{13} Recvratio + \beta_{14} Roa + \beta_{15} \times Duality \\&+ \beta_{16} \times Independent + \beta_{17} \times Meeting + \beta_{18} \times Loss + \sum \eta \times Industry \\&+ \sum \theta \times Year + \varepsilon \end{aligned}$$
$$(8-4)$$

$$\begin{aligned}Socialidentity\_dum = &\alpha + \beta_1 \times Mfg/Separation + \beta_2 \times BM + \beta_5 \times Growth + \beta_6 \times Netear \\&+ \beta_7 Cros + \beta_8 \times Age + \beta_9 \times Lnassets + \beta_{10} \times Leverage + \beta_{11} \times Big4 \\&+ \beta_{12} Income + \beta_{13} Invratio + \beta_{14} Recvtatio + \beta_{15} Roa + \beta_{16} \times Duality \\&+ \beta_{17} \times Independent + \beta_{18} \times Meeting + \beta_{19} \times Loss + \sum \eta \times Industry \\&+ \sum \theta \times Year + \varepsilon \end{aligned}$$
$$(8-5)$$

方程（8-3）、方程（8-4）分别被用来验证 H8-1、H8-2，方程（8-5）用于检测 H8-3a 和 H8-3b。其中，α 代表常数项，β 代表回归系数，ε 代表模型的残差项。三个模型均控制了行业和年度哑变量，其余变量的定义如下：

8.4.2.1 因变量

|DA| 为会计信息质量。盈余质量是会计信息质量的核心体现（魏明海，2005），现有研究普遍使用可操控性应计作为会计盈余信息的替代变量（马忠等，2011），为与前任研究保持一致，将可操控性应计的绝对值作为会计信息质量的替代变量。在计算方法上，Dechow 和 Guay 认为修正的琼斯模型对于盈余操控更为准确。而会计信息质量越高，越透明真实，其盈余的可操控性应计部分越小。

因此，本书利用修正的琼斯模型计算可操控性应计水平。

Socialidentity_dum 为审计师是否具有身份特征的哑变量。如果该会计师事务所的任意一名合伙人具有身份特征则该变量为 1，否则为 0。

8.4.2.2 解释变量

Mgf 为管理费用率。该指标是由管理费用总额除以当年年末总资产计算而来。文献中关于代理成本的衡量方式较多，Ang 等（2000）认为资产周转率可以直接衡量管理层对公司经营管理有效性的情况，而管理费用率则被认为可以衡量管理者是否有超额耗费有效运营资金的情况，因而其采用经营费用率和资产周转率作为衡量代理成本的变量。Singh 和 Davidson（2003）则综合使用管理费用率、营业费用率和总资产周转率。李世辉和雷新途（2008）也使用管理费用率作为代理成本的度量指标。参照以上文献，使用管理费用率作为衡量第一类代理问题的替代变量，管理费用率越高，则管理层与所有者之间的代理成本越高。

Separation 为两权分离度变量。主要参考以往文献，使用控股股东对上市公司的控制权比例与所享有的现金流权比例之间的差额来衡量大股东和小股东之间的代理问题（李增泉等，2010；马磊和徐向艺，2010；马忠等，2011；贺建刚等，2013；郑志刚等，2014）。自 2004 年 12 月 13 日，中国证监会发布了《公开发行证券的公司信息披露内容与格式准则第 2 号》文件，要求上市公司披露实际控制人以及产权和控制权关系的信息，这为相关数据获取提供了政策层面的支持。实际控制人的现金流权比例和持有公司的所有权比例均来自 CSMAR 数据库。

Socialidentity 为审计师身份特征程度变量。该变量计算方式同第 5 章当中相关的论述一致。由于本书主要想考察身份特征的审计师是否能在两种代理问题所导致的会计信息质量较低的关系中发挥外部治理作用，在模型（8-3）和模型（8-4）中加入了审计师身份特征变量与两种代理问题的交叉项（Socialidentity×Mgf、Socialidentity×Separation）。回归方程中的交乘项系数是我们重要的观测变量，如果这两个模型中的交乘项系数显著为负，则表明具有身份特征的审计师能减轻代理问题对会计信息质量的影响，降低管理层与股东、大股东与小股东之间的信息不对称，说明审计师的身份特征的确具有正向的作用，代表着更高的声誉。同时，在模型（8-3）和模型（8-4）回归过程中还加入了审计师身份特征的哑变量与两种代理问题的交乘项（Socialidentity_dum×Mgf、Socialidentity_dum×Separation）进行进一步检测。

8.4.2.3 控制变量

根据盈余质量的影响因素，控制了三个方面的特征变量。

(1) 财务特征变量。参照已有文献，控制了 BM、Netear、Leverage、Invratio、Recvtion、Roa 和 Loss 变量（陈小林和林昕，2011；Francis and Krishnan，1999；Holthausen and Leftwich，1987）。其中，BM 为账面市值比，Netear 表示公司盈利水平、Leverage 为资产负债率、Invratio 为存货周转率、Recvratio 为应收账款周转率、Roa 为资产收益率、Loss 为是否亏损的哑变量。这些控制变量代表着公司的财务状况，如果公司财务状况良好，则盈余管理的动机也更小。

(2) 事务所特征变量。DeAngelo (1981) 发现事务所规模与审计质量有相关关系，事务所规模越大，审计质量越高。规模越大的事务所拥有的资产和财富更多，合伙人人数也更多，其风险承受力也更强，且合伙人可以相互监督，因此更容易树立起品牌声誉（Watts and Zimmerman，1986；Moore and Scott，1989；Dye，1993）。一些基于我国资本市场的证据也表明了国内大所和四大事务所的审计质量更高（漆江娜等，2004；王艳艳等，2006；李仙和聂丽洁，2006）。为了控制事务所规模对代理问题和盈余质量之间关系的影响，用事务所在 A 股市场的年度业务总收入（Income）作为事务所规模的替代变量。

(3) 公司特征变量。公司特征不仅会直接决定盈余质量的高低，也会影响审计师的独立性和审计质量（Cadbury，1992；Chan，1993；Hampel；1998；方军雄等，2004；肖作平，2006）。针对公司治理特征对盈余质量影响方面的研究表明，公司规模越大，其监管的难度也更大，由自由现金导致的代理冲突也更严重，盈余管理的空间和可行性也越大（Linck et al.，2008；Patro et al.，2009；苏冬蔚和林大庞，2010）；公司存续的时间越长，获得投资者的信任也越多，风险也就越小，其盈余操纵的可能性也越小（沈玉清等，2009）。公司的两职合一的可能性越低，独立董事比例越多、董事会召开的会议次数越多，公司治理水平越好，对盈余管理行为的抑制程度越大（Larcker et al.，2007；陈俊和陈汉文，2007）；处于成长期的公司，面临的信息不对称程度更高，对资金的需求量也更大，公司进行盈余管理水平的可能性也更大；而对于同时发行多种股票的上市公司，其进行盈余操纵的可能性更低。这是由于中国香港或者美国的资本市场对信息披露有着较高的质量要求，这在一定程度上约束了公司的操作盈利的行为。据此，加入了资产规模（Lnassets）、两职合一（Duality）、独立董事比例（Independent）、董事会议次数（Meeting）、公司成长性（Growth）、交叉上市（Cros）、公司年龄（Age）变量进行控制。

另外，本书所有连续性变量均使用 Winsorize 在 1% 和 99% 的水平上进行缩尾处理。在交乘项的计算过程中，为了避免多重共线性的影响，对需要交乘的两个变量先进行了中心化,再进行交乘,最后进行缩尾处理。本书的所有回归结果均使用了 Huber-White 异方差修正。

表 8-1 汇总了上述检验模型中所涉及的所有变量及其定义。

表 8-1 审计师身份特征与代理问题实证研究的变量定义

变量类型	变量名称	变量符号	定义
被解释变量	应计质量	|DA|	采用修正琼斯模型计算的可操控性应计绝对值
	审计师身份特征哑变量	Socialidentity_dum	审计师是否具有身份特征的哑变量,是则取 1
解释变量	管理费用率	Mgf	管理费用总额除以当年年末总资产
	两权分离度	Separation	控股股东对上市公司的控制权比例与所享有的现金流权比例之间的差额
	审计师身份特征程度变量	Socialidentity	审计师身份特征程度变量
控制变量	公司规模	Lnassets	公司总资产的自然对数
	资产负债率	Leverage	公司资产负债率
	盈利能力	Roa	公司总资产收益率
	亏损与否	Loss	公司上一年度是否存在亏损,亏损则为 1
	净利润	Netear	公司当年的净利润数额
	存货周转率	Invratio	公司的存货占总资产的比例
	应收账款周转率	Recvratio	公司应收账款占总资产的比例
	交叉上市	Cros	公司是否同时发行 B 股或 H 股,是则为 1
	公司年限	Age	公司上市年限
	两职合一	Duality	公司董事长与总经理是否为同一人的变量,是则为 1
	独立董事规模	Independent	公司独立董事占董事总人数的比例
	董事会议次数	Meeting	公司召开的董事会议次数
	公司注册地	Location	公司注册地所在城市,其中,西部=1、中部=2、东部=3
	审计意见类型	Opinion	公司年报审计意见类型,标准审计意见=1
	四大与否	Big4	四大与非四大事务所哑变量,四大=1
	事务所规模	Income	事务所当年在资本市场中的审计业务收入总和
	账面市值比	BM	公司当年的账面价值除以市场价值的比例
	公司成长性	Growth	公司主营业务增长幅度

8.5 实证结果

8.5.1 样本描述

表8-2列出了样本的描述性统计。可操控性应计水平的绝对值（|DA|）最大为0.600，最小值为0，平均值大于中位数（0.080>0.050），整体数据偏大；管理费用率（Mgf）平均值为0.100，表明通常管理费用总额占资产的10%；两权分离度（Separation）的均值为0.670，最大值为3.040，说明我国资本市场中的确存在股权集中的问题，且均值小于标准差（0.670<0.860），表明整体离散度较高；审计师身份特征变量（Socialidentity）的最大值为4.670，最小值为0，均值为2.140，中位数为2.480，均值和中位数差距不大，说明该变量受到离群值的影响较小，但且均值大于标准差，说明具有一定的离散程度。

表8-2 样本描述性统计

变量	mean	p50	min	max	sd
|DA|	0.080	0.050	0	0.600	0.090
Mgf	0.100	0.0700	0.010	1.190	0.150
Separation	0.670	0.070	0	3.040	0.860
Socialidentity	2.140	2.480	0	4.670	1.420
Bm	0.680	0.670	0.110	1.360	0.280
Growth	0.550	0.100	−0.790	15.91	2.020
Netear	0.030	0.010	−0.060	0.540	0.070
Cross	0.070	0	0	1	0.260
Age	10.08	10	2	19	4.040
Lnassets	21.71	21.61	18.78	25.34	1.250
Leverage	0.520	0.520	0.0700	1.730	0.250
Income	0.010	0	0	0.020	0.010
Invratio	0.180	0.140	0	0.780	0.160
Recvratio	0.090	0.060	0	0.420	0.090

续表

变量	mean	p50	min	max	sd
Roa	0.030	0.030	−0.300	0.230	0.070
Duality	0.830	1	0	1	0.370
Independent	3.280	3	2	5	0.670
Meeting	9.270	9	4	22	3.530
Loss	0.270	0	0	1	0.440

表8-3列出的是全部变量间的相关系数。从相关系数初步可知，管理费用率与审计师身份特征程度显著负相关，说明公司的第一类代理问题越严重，越不会选择身份特征程度较高的审计师。相反，两权分离度与审计师身份特征度显著正相关，说明公司第二类代理问题越严重，对身份特征的审计师需求越强。另外，应计程度的绝对值与管理费用率和两权分离度均显著正相关，初步说明在存在两类代理问题时，会计信息质量较低。从相关系数的初步结果看，与我们的假设预期相符合。

表8-3 相关系数列表

变量	Mgf	Separation	Socialidentity	Bm	Growth	Netear	Cros
Mgf	1	—	—	—	—	—	—
Separation	0.168***	1	—	—	—	—	—
Socialidentity	−0.015**	0.006**	1	—	—	—	—
Bm	−0.056***	−0.052***	0.049***	1	—	—	—
Growth	−0.142***	−0.208***	−0.011	0.001	1	—	—
Netear	0.169***	0.073***	−0.008	−0.036***	0.015	1	—
Cross	−0.054***	−0.131***	−0.012	0.049***	0.120***	−0.001	1
Age	−0.036***	0.017	0.037***	−0.024*	0.112***	−0.041***	0.236***
Lnassets	0.072***	0.071***	0.058***	0.002	0.017	0.058***	0.034***
Leverage	−0.161***	−0.354***	−0.002	0.106***	0.503***	−0.007	0.576***
Income	0.156***	0.088***	0.047***	−0.072***	0.157***	0.083***	−0.024*
Invratio	−0.078***	−0.044***	0.037***	0.622***	0.081***	−0.034***	0.112***
Recvratio	0.155***	−0.108***	0.006	0.007	0.126***	0.264***	0.030**
Roa	−0.038***	−0.016	0.056***	0.056***	−0.082***	−0.053***	−0.133***

续表

变量	Mgf	Separation	Socialidentity	Bm	Growth	Netear	Cros
Duality	-0.054***	-0.243***	0.046***	0.072***	-0.132***	0.015	0.336***
Independent	-0.053***	-0.071***	0.046***	-0.043***	0.102***	-0.014	0.054***
Meeting	-0.077***	-0.081***	-0.058***	0.011	0.113***	-0.046***	0.219***
Loss	0.053***	-0.061***	-0.004	0.036***	0.124***	0.058***	0.059***
|DA|	0.142***	0.229***	-0.0150	-0.103***	-0.110***	0.068***	-0.176***

变量	Age	Lnassets	Leveraage	Income	Invratio	Recvratio	Roa
Age	1						
Lnassets	0.212***	1					
Leverage	0.185***	0.103***	1				
Income	0.024*	0.180***	0.140***	1			
Invratio	0.065***	0.026**	0.186***	-0.054***	1		
Recvratio	-0.035***	0.102***	0.119***	0.175***	-0.030**	1	
Roa	-0.045***	-0.200***	-0.220***	0.022*	0.0210	-0.086***	1
Duality	0.032**	-0.084***	0.156***	-0.383***	0.033**	-0.011	-0.036***
Independent	-0.0170	0.091***	0.143***	0.034***	-0.033**	-0.028**	-0.125***
Meeting	0.107***	0.00900	0.332***	0.044***	0.053***	-0.031**	-0.089***
Loss	0.043***	0.092***	0.196***	0.097***	0.028**	0.152***	-0.057***
Cross	0.029**	0.140***	-0.299***	0.277***	-0.099***	-0.050***	-0.003

变量	Duality	Indepent	Meeting	Loss	|DA|
Duality	1				
Independent	0.0170	1			
Meeting	0.054***	0.109***	1		
Loss	-0.006	0.037***	0.010	1	
|DA|	-0.302***	-0.028**	-0.115***	0.001	1

8.5.2 假设检验

8.5.2.1 第一类代理问题的回归结果

针对 H8-1，采用样本公司数据进行 OLS 多元回归分析后，结果如表 8-4 所示。由第（1）列的回归结果可知，管理费用率与盈余管理绝对值显著正相关，说明第一类代理问题越严重，会计信息质量越低。身份特征程度与盈余质量显著负相关，且管理费用率与审计师身份特征程度的交乘项（Mgf×Socialidentity）显著为负，说明审计师身份特征能减轻第一类代理问题对会计信息质量的负面作用，降低代理冲突，进一步证明审计师拥有的身份特征的确能代表更高的审计质量和审计师声誉。在区分向上和向下的盈余管理后，身份特征的审计师对由代理问题导致的正向应计的抑制作用更强，而在负向应计下，身份特征的这种调节作用并不显著。还采用审计师是否具有身份特征的哑变量（Socialidentity_dum）进行回归，发现身份特征对会计信息质量有微弱的负向效果。

表 8-4 第一类代理问题、审计师身份特征与会计信息质量

变量	(1) |DA|	(2) Da>0	(3) Da<0	(4) |DA|	(5) Da>0	(6) Da<0
Mgf	0.034** (1.96)	0.016 (0.79)	-0.007 (-0.37)	0.053* (1.83)	0.043 (1.29)	-0.022 (-0.75)
Socialidentity	-0.016** (-2.33)	-0.019** (-2.22)	0.011 (1.56)	—	—	—
Socialidentity_dum	—	—	—	-0.013 (-0.41)	-0.034 (-0.92)	0.009 (0.29)
Mgf×Socialidentity	-0.018** (-2.23)	-0.019* (-1.87)	0.013 (1.62)	—	—	—
Mgf×Socialidentity_dum	—	—	—	-0.012 (-0.32)	-0.027 (-0.61)	0.013 (0.34)
Bm	-0.028*** (-4.03)	0.009 (1.03)	0.044*** (5.84)	-0.027*** (-3.97)	0.009 (1.05)	0.044*** (5.79)
Growth	0.004*** (3.28)	0.002 (1.64)	-0.004*** (-3.75)	0.004*** (3.21)	0.002 (1.63)	-0.004*** (-3.61)
Netear	0.045** (2.37)	-0.095*** (-4.10)	-0.069*** (-3.51)	0.045** (2.38)	-0.094*** (-4.03)	-0.068*** (-3.48)
Cross	-0.004 (-0.97)	-0.004 (-0.73)	0.005 (1.03)	-0.004 (-1.02)	-0.004 (-0.62)	0.005 (1.11)
Age	0.000 (0.46)	0.001 (1.29)	-0.000 (-0.36)	0.000 (0.45)	0.001 (1.39)	-0.000 (-0.30)
Lnassets	-0.009*** (-5.07)	-0.006*** (-2.68)	0.008*** (4.01)	-0.009*** (-4.94)	-0.006*** (-2.61)	0.008*** (3.94)

续表

变量	(1) |DA|	(2) Da>0	(3) Da<0	(4) |DA|	(5) Da>0	(6) Da<0
Leverage	0.047***	0.032***	-0.037***	0.049***	0.033***	-0.039***
	(4.97)	(3.21)	(-3.96)	(5.09)	(3.30)	(-4.05)
Income	-0.081	-0.050	-0.203	-0.214	-0.350	-0.167
	(-0.29)	(-0.15)	(-0.63)	(-0.90)	(-1.21)	(-0.59)
Invratio	0.021*	0.052***	0.008	0.022*	0.053***	0.007
	(1.69)	(3.35)	(0.50)	(1.78)	(3.44)	(0.48)
Recvratio	-0.030*	0.013	0.078***	-0.029*	0.013	0.077***
	(-1.85)	(0.72)	(4.01)	(-1.79)	(0.71)	(3.98)
Roa	0.023	0.466***	0.179***	0.025	0.468***	0.177***
	(0.63)	(10.35)	(5.72)	(0.69)	(10.33)	(5.57)
Duality	-0.004	-0.005	-0.001	-0.004	-0.004	-0.001
	(-1.18)	(-1.34)	(-0.14)	(-1.04)	(-1.12)	(-0.17)
Independent	-0.001	0.002	0.004**	-0.001	0.002	0.004**
	(-0.82)	(1.21)	(2.02)	(-0.86)	(1.19)	(2.07)
Meeting	0.001***	0.001***	-0.000	0.001***	0.001***	-0.000
	(2.95)	(3.13)	(-0.90)	(2.84)	(3.07)	(-0.82)
Loss	0.009***	0.009**	-0.006*	0.009***	0.009**	-0.007*
	(2.77)	(2.26)	(-1.73)	(2.83)	(2.29)	(-1.79)
Constant	0.260***	0.131***	-0.269***	0.222***	0.094**	-0.241***
	(6.63)	(2.84)	(-6.32)	(6.20)	(2.25)	(-6.22)
行业/年度	已控制	已控制	已控制	已控制	已控制	已控制
Observations	5826	2872	2954	5826	2872	2954
R^2	0.159	0.218	0.212	0.157	0.216	0.210

在控制变量方面，账面市值比系数显著为负，资产负债率显著为正，是否亏损系数显著为真，说明公司状况、财务状况越好，其进行盈余管理的可能性越低。在应计绝对值和正向应计为被解释变量的回归中，公司规模的系数显著为负，说明公司规模越大，实力更雄厚，进行盈余管理的可能性也更小。而在负向应计为被解释变量的回归中，资产规模系数为负，这可能由于部分公司为了获取政策优惠或者避税的动机。公司成长性的系数显著为正，表明处于上升发展期的

公司，自身还未达到成熟稳定的发展状态，各项制度规范还不够完善，同时对资金的需求更加迫切，因而需要通过盈余管理向市场传递良好的会计信号。

8.5.2.2 第二类代理问题的回归结果

表8-5列示了针对H8-2的回归结果。由第（1）列的回归结果可知，审计师的身份特征与两权分离度的交乘项系数显著为负，表明身份特征作为审计师的一种声誉和独立性的显性表现，显著减缓了第二类代理问题导致的信息不对称，提高了会计信息质量。在区分了应计方向后，发现在正向应计下，审计师对大股东与小股东之间的代理冲突所导致的盈余信息质量低下且有显著的改善作用，但没有发现审计师对负向盈余的显著作用。同时考虑了身份特征哑变量后，发现审计师的身份特征哑变量与两权分离度的交乘项对可操控性应计的绝对值和正向的应计均有显著的降低作用。对于一些控制变量的结果方面，账面市值比系数显著为负，营业净利润系数显著为正，资产规模系数显著为负，是否亏损哑变量系数显著为正，公司成长性系数为正，这与H8-1的回归结果基本保持一致。

表8-5 第二类代理问题、审计师身份特征与会计信息质量

变量	(1) |DA|	(2) Da>0	(3) Da<0	(4) |DA|	(5) Da>0	(6) Da<0
Seperation	0.002 (1.21)	0.002 (1.25)	0.001 (0.02)	0.010*** (2.98)	0.015*** (2.92)	0.005 (1.15)
Socialidentity	-0.001 (-1.34)	-0.004*** (-2.83)	0.000 (0.07)	—	—	—
Socialidentity_dum	—	—	—	-0.004 (-1.40)	-0.014*** (-3.11)	0.003 (0.64)
Separation× Socialidentity	-0.001*** (-2.86)	-0.001*** (-2.86)	0.000 (1.62)	—	—	—
Separation× Socialidentity_dum	—	—	—	-0.001*** (-2.97)	-0.002*** (-2.97)	-0.001 (-1.29)
Bm	-0.030*** (-4.39)	0.007 (0.85)	0.045*** (5.90)	-0.030*** (-4.35)	0.015 (1.53)	-0.050*** (-5.58)
Growth	0.004*** (3.32)	0.002 (1.62)	-0.004*** (-3.68)	0.004*** (3.28)	0.002 (1.56)	0.005*** (3.29)
Netear	0.054*** (2.79)	-0.090*** (-3.85)	-0.071*** (-3.63)	0.055*** (2.84)	-0.086*** (-3.10)	0.091*** (3.89)

续表

变量	(1) |DA|	(2) Da>0	(3) Da<0	(4) |DA|	(5) Da>0	(6) Da<0
Cross	-0.004	-0.005	0.005	-0.004	-0.005	-0.006
	(-0.93)	(-0.82)	(1.05)	(-0.87)	(-0.79)	(-1.23)
Age	0.000	0.001	-0.000	0.000	0.001*	0.000
	(0.54)	(1.35)	(-0.35)	(0.58)	(1.69)	(0.13)
Lnassets	-0.011***	-0.006***	0.008***	-0.011***	-0.008***	-0.009***
	(-5.60)	(-2.81)	(4.11)	(-5.62)	(-3.04)	(-3.94)
Leverage	0.049***	0.033***	-0.039***	0.050***	0.044***	0.045***
	(5.09)	(3.34)	(-4.03)	(5.12)	(3.28)	(3.75)
Income	-0.076	-0.051	-0.208	-0.193	-0.305	0.108
	(-0.27)	(-0.15)	(-0.65)	(-0.80)	(-0.90)	(0.33)
Invratio	0.016	0.051***	0.010	0.016	0.044**	-0.012
	(1.31)	(3.29)	(0.70)	(1.25)	(2.37)	(-0.72)
Recvratio	-0.037**	0.007	0.079***	-0.037**	0.000	-0.084***
	(-2.26)	(0.40)	(4.02)	(-2.30)	(0.02)	(-3.66)
Roa	0.002	0.457***	0.186***	0.004	0.534***	-0.206***
	(0.06)	(10.22)	(5.91)	(0.11)	(8.97)	(-5.47)
Duality	-0.004	-0.005	-0.001	-0.004	-0.006	0.000
	(-1.23)	(-1.28)	(-0.13)	(-1.20)	(-1.32)	(0.10)
Independent	-0.001	0.003	0.004**	-0.001	0.003	-0.004*
	(-0.63)	(1.38)	(2.03)	(-0.71)	(1.39)	(-1.81)
Meeting	0.001***	0.001***	-0.000	0.001***	0.001**	0.000
	(2.74)	(2.84)	(-0.79)	(2.80)	(2.46)	(0.49)
Loss	0.010***	0.010***	-0.006*	0.010***	0.012**	0.007*
	(3.05)	(2.61)	(-1.75)	(3.05)	(2.55)	(1.67)
Constant	0.259***	0.111***	-0.251***	0.255***	0.136***	0.269***
	(7.42)	(2.67)	(-6.74)	(7.28)	(2.66)	(6.11)
行业/年度	已控制	已控制	已控制	已控制	已控制	已控制
Observations	5826	2872	2954	5826	2872	2954
R^2	0.155	0.216	0.210	0.155	0.215	0.205

8.5.2.3 事务所选择的回归结果

为了检验关于上市公司分别在两种代理问题下审计师选择情况的 H8-3a 和 H8-3b，分别使用了 Logit 回归模型和 OLS 普通最小二乘法。从表 8-6 的具体回归结果可知，管理费用率的系数显著为负，说明在控制了其他因素影响的情况下，经营者和所有者之间的代理冲突越严重，公司聘请身份特征审计师的概率越低。这是由于管理者为了掩饰利用在职消费赚取私人利益、进行非效率投资等行为，逃避外部审计对其受托经济责任履行情况的监督，会更不倾向于聘请高质量审计师。并且，管理层在审计师聘请决策的过程中享有一定的话语权，最终公司选中高质量审计师的概率更低。相反，在股权更集中的公司，公司更愿意选择高质量的审计师。回归列表中，两权分离度变量的系数值显著为正，H8-3b 得到了回归结果的支持。

其余控制变量中，事务所收入变量的系数显著为正，说明通常事务所规模越大，其具有的身份特征也越强。而是否为四大的哑变量系数显著为负，原因可能在于，在"做大做强"号召下，国内所具有了建立身份特征的先天优势，导致现有的国际四大事务所当中拥有身份特征的合伙人数目较少，事务所身份特征程度较低。

表 8-6 代理问题、审计师身份特征与事务所选择

变量	(1) Logit Socialidentity_dum	(2) Ols Socialidentity_dum	(3) Logit Socialidentity_dum	(4) Ols Socialidentity_dum
mgf	-0.799** (-2.48)	-0.141*** (-2.82)	—	—
Separation	—	—	0.083* (1.75)	0.012** (2.26)
Bm	-0.204 (-0.89)	-0.047* (-1.90)	-0.173 (-0.76)	-0.042* (-1.69)
Growth	-0.031* (-1.68)	-0.003 (-1.11)	-0.033* (-1.82)	-0.004 (-1.30)
Netear	0.499 (0.49)	0.022 (0.26)	0.412 (0.40)	0.011 (0.13)
Lnassets	0.067 (1.06)	0.016** (2.24)	0.103 (1.64)	0.021*** (3.07)

续表

变量	(1) Logit Socialidentity_dum	(2) Ols Socialidentity_dum	(3) Logit Socialidentity_dum	(4) Ols Socialidentity_dum
Leverage	0.066	0.001	-0.034	-0.013
	(0.36)	(0.02)	(-0.19)	(-0.49)
Independent	-0.103	-0.005	-0.099	-0.005
	(-1.61)	(-0.63)	(-1.55)	(-0.60)
Duality	0.144	0.028**	0.138	0.028**
	(1.36)	(2.11)	(1.30)	(2.08)
Meeting	0.023*	0.003*	0.024**	0.003*
	(1.92)	(1.81)	(1.98)	(1.82)
Invratio	-0.111	-0.023	-0.007	-0.002
	(-0.35)	(-0.51)	(-0.02)	(-0.04)
Recvratio	0.832	0.153**	0.993*	0.179***
	(1.43)	(2.36)	(1.71)	(2.80)
Big4	-1.320***	-0.058**	-1.341***	-0.063***
	(-5.41)	(-2.57)	(-5.44)	(-2.77)
Income	754.364***	25.163***	751.926***	25.011***
	(23.32)	(27.84)	(23.35)	(27.68)
Loss	-0.174*	-0.020	-0.194**	-0.022*
	(-1.75)	(-1.51)	(-1.97)	(-1.71)
Constant	-2.119*	0.212	-3.063**	0.071
	(-1.69)	(1.47)	(-2.51)	(0.51)
行业/年度	已控制	已控制	已控制	已控制
Observations	5826	5826	5826	5826
R^2	0.334	0.186	0.333	0.185

8.6 本章小结

本章将审计师身份特征放到了双重代理环境中去考察，以期进一步探究审计师身份特征的经济后果。从本质上说，审计的产生不是源于外部力量的结果，是基于社会选择而形成的，是为了满足委托人与代理人降低委托代理关系中代理成本的共同需求。审计作用的发挥程度取决于审计质量，审计质量越高，对缓解代理问题、降低信息不对称的作用就越强。而不同特征的审计师具有不同的专业胜任能力和独立性，这导致了审计质量的异质性。正是基于此，通过检验身份特征审计师在降低管理者和股东之间代理摩擦中的作用，可以为审计师身份特征的作用后果提供经验支持。另外，我国大股东和小股东之间的代理问题也较为普遍，在司法体系和制度环境还不完善的情况下，更需要高质量的外部审计作为公司治理层面的监督和保证，对控股股东的机会主义行为进行限制。从这个角度上说，检验身份特征的审计师在第二类代理问题和盈余信息质量之间的监督作用，是对审计师身份特征作为一种高质量声誉的佐证。

通过回归结果，本书发现在管理者和所有者存在代理问题的公司当中，管理者会有强烈的盈余管理动机对公司会计盈余进行粉饰。而这类代理问题越严重，可操控性应计程度就越大，但具有身份特征的审计师作为外部治理机制能有效缓解第一类代理问题导致的盈余操控严重的问题。并且，随着审计师身份特征程度的上升，审计机制对代理问题的作用就越强。对于大股东和小股东之间的代理问题，身份特征的审计师亦能减轻第二类代理问题对盈余质量的负面作用，且随着审计师身份特征程度的增加，其对盈余质量的调解作用更强。这说明了审计师的身份特征的确作为一种社会声誉能缓解两类代理问题的影响。更进一步地，对于存在第一类代理问题的公司中，管理层出于对自身机会主义行为的掩饰，会更多地选择身份特征程度较低的事务所。同时，小股东为了加强对大股东获取权利行为的监督和控制，并且也为了向市场传递良好的信号，获取投资者的信任和支持，第二类代理问题更严重的公司选择具有身份特征的审计师的可能性则更大。这一结论进一步从侧面证实了审计师身份特征的声誉价值。

9 结论、局限性与研究展望

本书前文章节结合企业经营环境的制度背景,分析了企业和审计师构建身份特征的需求动机,对会计师事务所的历史沿革进行了介绍,回顾了身份特征和审计师声誉方面的文献。同时基于声誉需求理论和机会主义理论,对审计师身份特征进行了理论分析,进而对审计师身份特征的作用路径进行了分析,实证检验了审计师身份特征的声誉昭示作用,并在此基础上从审计机制降低信息不对称这一本质作用出发,分析了审计师身份特征缓解代理问题、降低 IPO 抑价的作用。本章对本书的主要结论进行总结和提炼,为当前审计监管提出政策建议,并指出本书的局限性,提出对未来研究的展望。

9.1 研究结论

根据本书的研究,主要得到了如下结论:

9.1.1 审计师身份特征是一种声誉昭示,而非作为机会主义动机的彰显

国内外对公司身份特征的研究主要包含了以下两方面的结论:一方面是身份特征能提高企业的业绩,带来诸多经济利益;另一方面是身份特征会成为机会主义行为的通道,损害公司的价值。对于身份特征这一概念特征而言,两方面的结论都揭示出的是对身份特征的一种负面评价。这是由于大部分研究认为身份特征能提高企业业绩是通过其作为企业机会主义行为的途径,而降低企业的价值则是源于机会主义动机的资本市场负面效应。在转型经济的中国,企业的经营不仅需

要接受市场监管和法律法规的约束,也间接影响审计市场的运行,这激发了审计师机会主义行为甚至合谋的需求。作为资本市场信息守护神的审计师,独立性是其存在的精髓和意义,当其具有身份特征时,这种身份特征是否会成为审计师向从事机会主义行为或与客户合谋的手段?利用静态分析视角,审计师身份特征并非一种机会主义手段,而是社会授予审计师的一种荣誉。具体而言,采用手工收集的2006~2017年具有证券期货资格事务所身份特征程度数据进行实证检验,结果发现身份特征对于审计师的价值在于能使审计师获得更高的收费溢价。为了进一步对审计师身份特征的作用类型进行区分,从会计信息质量、盈余反应系数和客户违规概率三个方面进行检验,研究发现,审计师身份特征程度越高,被审计客户的应计质量越高,盈余反应系数越高,客户违规概率越低,表明审计师身份特征是作为一种声誉而存在的,能提高会计信息质量,降低上市公司违规的可能性,且能提高投资者对会计信息的认知。

9.1.2 作为昭示审计师声誉的身份特征,能缓解第一类代理问题和第二类代理问题

第一类代理问题产生的直接原因在于所有权和经营权相分离,而审计机制最初的目的也正是在于满足经营者和所有者对解除受托经济责任的需求,可以说第一类代理问题是审计产生的本源,也体现着审计的本质属性。不仅如此,我国转轨经济中还同时存在着国有股"一股独大"导致的第二类代理问题。对双重代理问题的解决需要审计师充分发挥独立第三方的鉴证作用,审计师独立性越高、审计质量越高,对代理问题的缓解作用也就越强。因此,可通过双重代理问题的视角,对审计师身份特征的经济后果进行动态分析。基于此,本书使用了2006~2012年事务所层面的身份特征程度的数据,分别验证了审计师身份特征程度对两类代理问题的作用后果,结果表明,分别在存在这两类代理问题的公司中,管理者有强烈的盈余管理动机对公司盈余进行粉饰。而且这种代理问题越严重,可操控性应计的程度也就越大,但具有身份特征的审计师作为外部治理机制能有效缓解这种代理问题的严重程度,且随着审计师身份特征程度的增加,其代理问题的缓解程度就越强。供给决定需求,而需求能反映供给,进一步地通过考虑公司的事务所选择这种策略行为,从侧面反映出审计师身份特征所能带来的经济后果特性。实证结果表明,在存在第一类代理问题的公司中,由于管理层对审计聘任决策影响较大,出于对自身机会主义行为进行掩饰的动机,越不倾向于聘任具有更高审计质量的身份特征审计师。而在第二类代理问题中,为了避免市场对其掏

空行为的惩罚，大股东也会通过聘请独立性更高、质量更高的身份特征审计师向市场传递良好信号。

9.1.3 身份特征的审计师能降低 IPO 发行抑价水平，并且，审计师个人层面的这种作用要强于事务所层面

首次发行抑价问题的根源在于市场参与者之间的信息不对称，而审计作为降低信息不对称的重要机制，其作用发挥情况必然能在首次公开发行的定价场景中得到反应和体现。本书手工收集了 1999~2018 年所有 A 股上市公司首次公开发行的数据，并针对签字审计师的身份特征情况进行了整理。通过实证分析发现，审计师身份特征充分发挥了降低信息不对称的功能，能显著影响新股发行的抑价水平。而将审计师身份特征分为基本类身份特征和荣誉类身份特征两大类后，具有荣誉类身份特征的审计师能显著降低抑价水平，但荣誉类身份特征并未表现出对抑价的降低作用，这可能是受到投资者认知偏差的影响。并且发行制度的变化也会影响抑价程度的高低，因此按照发行制度的变迁过程将样本时间分为了审批制时期（1999~2000 年）、通道制时期（2001~2003 年）、保荐制时期（2004~2008 年）、市场化改革（2009~2018 年）共四个阶段，通过分样本期间回归后，发现随着发行制度的逐渐市场化，审计师身份特征更能有效地降低抑价水平，这充分说明了以信息披露为核心的发行改革的确有利于增强信息中介功能，促进了市场自身的作用。不仅如此，由于审计师个人的身份特征不同于事务所整体层面的特征，对审计师个人身份特征的作用后果进行了单独分析，在区分了四大和非四大以及国内十大和非国内十大后，发现相对于规模较大事务所，在规模较小的非四大和非国内十大事务所当中审计师个人的身份特征对抑价的降低作用更强。同时，本书还对审计师的身份特征是否当任为区分标准进行了检验，发现当年获得荣誉或奖励的审计师对抑价的降低作用更强。

9.2 研究启示

通过审计师身份特征的经济后果研究，本书得到了如下的启示：

对于投资者而言，会计信息质量难以识别，审计师的质量特征则成为投资者对公司价值判断的依据。现有关于审计师特征的研究主要集中于事务所规模、行

业专长等，而本书从审计师身份特征的角度对其带来的经济后果进行了分析。与以往关于身份特征的负面结论完全不同，对审计师身份特征的经济后果进行了验证，提出了身份特征更能降低信息不对称的正面解释，这将有利于投资者通过辨识审计师的身份特征进行决策。

从行业发展的层面上来看，培育审计市场的声誉机制，鼓励审计师参政议政，获得更高的社会身份和荣誉，能为行业树立标杆并引领整个行业更加注重声誉建设进而提高执业水平和独立性，且在当前"做大做强"内资所的号召下，赋予审计师荣誉身份是建立"自主品牌"的重要手段，也是对解决当前内资事务所"大而不强"现状的新思考。同时，荣誉身份能使审计师在竞争中脱颖而出，获取更多的客户资源，是构建差异化竞争优势的途径。

注册制改革已正式实施，证券发行核准职能的下放将使交易所和中介机构的责任更加重大。作为资本市场重要信息中介的审计师，其承担的责任也不言而喻。然而，审计市场是一个高度竞争的市场，审计服务的同质性程度较高，而每年上市的公司数目有限，优质拟上市资源更稀少。审计师在竞争客户的同时如何恪守职业道德标准、保持自身的独立性，将是维护注册制有效实施的一大关键。从资本市场监管的角度来说，法律制度的健全必然是有形的约束，但法律难免有疏漏之处，根据本书的研究结果可知，通过相关的资源配置手段影响审计师声誉的建立，依靠声誉机制的无形约束来保证审计师的独立客观，是对法律制度的补充，将更有利于注册制改革的推进。

9.3 研究局限性

对于事务所层面和个人层面的身份特征数据均由手工收集获得，而信息获取渠道也主要是证监会、注册会计师协会和财经媒体等官方网站。这导致数据的准确度不仅依赖于媒体的披露程度，也依赖于收集范围的广度和深度。同时，在对审计师个人层面的身份特征数据收集时，涉及身份特征获取时间还存在一定的主观判断，这就有可能影响数据的准确度。

本书的研究思路并未跳出传统对身份特征的分析框架，依旧是采用正、反两方面的理论去解释审计师身份特征的作用，且这两种分析理论并非一定非此即彼地存在，可能在不同的场景、不同的时间和不同的制度下而交替存在甚至共同作用。

受到时间和篇幅的影响，本书仅从年报审计场景、代理问题场景和首次公开发行场景去研究审计师身份特征的经济后果，并没有更全面地考虑审计师作用的范围。比如，再融资审计业务、债券发行审计业务等场景。

本书还缺乏对审计师身份特征的比较性研究，例如，配对公司经过有身份特征的审计师和没有身份特征的审计师进行审计的效果差异；或者同一公司在更换审计师后的前后差异的比较等。同时，也没有考虑被审计单位拥有的身份特征对于身份特征审计师行为的影响。

9.4 研究展望

从客户变更会计师事务所或签字注册会计师的角度，研究从不具有身份特征的审计师变为具有身份特征的审计师，或具有低身份特征度的审计师变为高身份特征度的审计师，或者相反，对企业产生的经济后果差异。

在现有制度背景下，研究民营企业以及不同层级的国有企业对于身份特征审计师的选择，并分析企业性质对于审计师选择的影响。

通过交叉上市企业，研究身份特征审计师在不同资本市场中作用发挥的情况。

可以尝试从审计需求和审计共计两方面对审计师身份特征进行分析，打破原有的正、反两种效用的研究思路。

参考文献

[1] Bae, K. H., Kang, J. K., and Kim, J. M., 2002, "Tunneling or Value Added? Evidence from Mergers by Korean Business Groups", The Journal of Finance, Vol. 57, pp. 2695-2740.

[2] Balvers, R. J., McDonald, B., and Miller, R. E., 1988, "Underpricing of New Issues and the Choice of Auditor as a Signal of Investment Banker Reputation", The Accounting Review, Vol. 63, pp. 605-622.

[3] Barro, R. J., and Gordon, D. B., 1983, "Rules, Discretion and Reputation in a Model of Monetary Policy", Journal of Monetary Economics, Vol. 12, pp. 101-121.

[4] Beatty, R. P., and Ritter, J. R., 1986, "Investment Banking, Reputation, and the Underpricing of Initial Public Offerings", Journal of Financial Economics, Vol. 15, pp. 213-232.

[5] Beatty, R. P., 1989, "Auditor Reputation and the Pricing of Initial Public Offerings", The Accounting Review, Vol. 64, pp. 693-709.

[6] Beatty, R. P., 1993, "The Economic Determinants of Auditor Compensation in the Initial Public Offerings Market", Journal of Accounting Research, Vol. 31, pp. 294-302.

[7] Becker, C. L., M. L. DeFond, J. Jiambalvo, and K. R. Subramanyam, 1998, "The Effect of Audit Quality on Earnings Management", Contemporary Accounting Research, Vol. 15, pp. 1-24.

[8] Bernhard, H., U. Fischbacher and E. Fehr, 2006, "Parochial Altruism in Humans", Nature, Vol. 7105, pp. 912-915.

[9] Bhagwati, J. N., 1984, "Why Are Services Cheaper in the Poor Coun-

tries?", The Economic Journal, Vol. 94, pp. 279-286.

[10] Bossaerts, P., and Hillion, P., 1991, "Market Microstructure Effects of Government Intervention in the Foreign Exchange Market", Review of Financial Studies, Vol. 4, pp. 513-541.

[11] Brau, J. C., and Fawcett, S. E., 2006, "Initial Public Offerings: An Analysis of Theory and Practice", The Journal of Finance, Vol. 61, pp. 399-436.

[12] Burke, P. J., Stets, J. E., Cerven C., 2007, "Gender Legitimation and Identity Verification in Groups", Social Psychology Quarterly, Vol. 70, pp. 27-43.

[13] Burke, P. J., 2006, "Identity change", Social Psychology Quarterly, Vol. 69, pp. 81-96.

[14] Campa, D., 2013, "Big 4 Fee Premiumand Audit Quality: Latest Evidence from UK Listed Companies", Managerial Auditing Journal, Vol. 28, pp. 680-707.

[15] Carter, R. B., Dark, F. H., and Singh, A. K., 1998, "Underwriter Reputation, Initial Returns, and the Long-run Performance of IPO Stocks", The Journal of Finance, Vol. 53, pp. 285-311.

[16] Chan, K. H., and K. Z. Lin, 2006, "A Political-Economic Analysis of Auditor Reporting and Auditor Switches", Review of Accounting Studies, Vol. 11, pp. 21-48.

[17] Chaney, P. K., and K. L. Philipich, 2002, "Shredded Reputation: The Cost of Audit Failure", Journal of Accounting Research, Vol. 40, pp. 1221-1245.

[18] Chaney, P. K., D. C. Jeter, and L. Shivakumar, 2004, "Self-Selection of Auditors and Audit Pricing in Private Firms", The Accounting Review, Vol. 79, pp. 51-72.

[19] Chen, C. J., Z. Li, X. Su, and Z. Sun, 2011, "Rent-Seeking Incentives, Corporate Political Connections, and the Control Structure of Private Firms: Chinese Evidence", Journal of Corporate Finance, Vol. 17, pp. 229-243.

[20] Chen, S., Sun, Z., Tang, S., and Wu, D., 2011, "Government Intervention and Investment Efficiency: Evidence from China", Journal of Corporate Finance, Vol. 17, pp. 259-271.

[21] Cheung, Y. L., Rau, P. R., and Stouraitis, A., 2006, "Tunneling, Propping, and Expropriation: Evidence from Connected Party Transactions in Hong

Kong", Journal of Financial Economics, Vol. 82, pp. 343-386.

[22] Choi, J. H., J. B. Kim, X. Liu, and D. A. Simunic, 2008, "Audit Pricing, Legal Liability Regimes, and Big 4 Premiums: Theory and Cross-country Evidence", Contemporary Accounting Research, Vol. 25, pp. 55-99.

[23] Chou, Y. K., 2006, "Three Simple Models of Social Capital and Economic growth", The Journal of Socio-Economics, Vol. 35, pp. 889-912.

[24] Claessens, S., E. Feijen, and L. Laeven, 2008, "Political Connections and Preferential Access to Finance: The Role of Campaign Contributions", Journal of Financial Economics, Vol. 88, pp. 554-580.

[25] Coleman, J. S., 1988, "Social Capital in the Creation of Human Capital", American Journal of Sociology, Vol. 94, pp. S95-S120.

[26] Coleman, J. S., 1990, "The Creation and Destruction of Social Capital: Implications for Law", Notre Dame J. Law, Ethics, Public Policy, Vol. 3, pp. 375-404.

[27] Collins, D. W., and S. P. Kothari, 1989, "An Analysis of Intertemporal and Cross-Sectional Determinants of Earnings Response Coefficients", Journal of Accounting and Economics, Vol. 11, pp. 143-181.

[28] Craswell, A. T., J. R. Francis, and S. L. Taylor, 1995, "Auditor Brand Name Reputations and Industry Specializations", Journal of Accounting and Economics, Vol. 20, pp. 297-322.

[29] Datar, S. M., Feltham, G. A., and Hughes, J. S., 1991, "The Role of Audits and Audit Quality in Valuing New Issues", Journal of Accounting and Economics, Vol. 14, pp. 3-49.

[30] Dechow, P. M., Sloan, R. G., and Sweeney, A. P., 1995, "Detecting Earnings Management", The Accounting Review, Vol. 70, pp. 193-225.

[31] DeFond, M. L., and J. Zhang, 2013, "A Review of Archival Auditing Research", Working Paper.

[32] DeFond, M. L., J. R. Francis, and T. J. Wong, 2000, "Auditor Industry Specialization and Market Segmentation: Evidence from Hong Kong", Auditing: A Journal of Practice and Theory, Vol. 19, pp. 49-66.

[33] Faccio, M., 2006, "Politically Connected Firms", The American Economic Review, Vol. 96, pp. 369-386.

[34] Fan, J. P. , T. J. Wong, and T. Zhang, 2007, "Politically Connected CEOs, Corporate Governance, and Post-IPO Performance of China's Newly Partially Privatized Firms", Journal of Financial Economics, Vol. 84, pp. 330-357.

[35] Ferguson, A. , and D. Stokes, 2002, "Brand Name Audit Pricing, Industry Specialization, and Leadership Premiums Post-Big 8 and Big 6 Mergers", Contemporary Accounting Research, Vol. 19, pp. 77-110.

[36] Francis, J. R, 1984, "The Effect of Audit Firm Size on Audit Prices: A Study of the Australian Market", Journal of Accounting and Economics, Vol. 6, pp. 133-151.

[37] Francis, J. R. , and B. Ke, 2006, "Disclosure of Fees Paid to Auditors and the Market Valuation of Earnings Surprises", Review of Accounting Studies, Vol. 11, pp. 495-523.

[38] Francis, J. R. , and D. Wang, 2008, "The Joint Effect of Investor Protection and Big 4 Audits on Earnings Quality around the World", Contemporary Accounting Research, Vol. 25, pp. 157-191.

[39] Francis, J. R. , and M. D. Yu, 2009, "Big 4 Office Size and Audit Quality", The Accounting Review, Vol. 84, pp. 1521-1552.

[40] Francis, J. R. , K. Reichelt, and D. Wang, 2005, "The Pricing of National and City-Specific Reputations for Industry Expertise in the US Audit Market", The Accounting Review, Vol. 80, pp. 113-136.

[41] Friedman, E. , Johnson, S. , and Mitton, T. , 2003, "Propping and Tunneling", Journal of Comparative Economics, Vol. 31, pp. 732-750.

[42] Ghosh, A. , and D. Moon, 2005, "Auditor Tenure and Perceptions of Audit Quality", The Accounting Review, Vol. 80, pp. 585-612.

[43] Goette, L. , D. Huffmanand, and S. Meier, 2006, "The Impact of Group Membership on Cooperation and Norm Enforcement: Evidence Using Random Assignment to Real Social Groups", The American Economic Review, Vol. 96, pp. 212-216.

[44] Goldman, E. , Rocholl, J. , and So, J. , 2009, "Do Politically Connected Boards Affect Firm Value?", Review of Financial Studies, Vol. 22, pp. 2331-2360.

[45] Granovetter, M. , 1973, "The Strength of Weak Ties", The American

Journal of Sociology, Vol. 78, pp. 1360-1380.

[46] Hellman, J. S., G. Jones, and D. Kaufmann, 2003, "Seize the State, Seize the Day: State Capture and Influence in Transition Economies", Journal of Comparative Economics, Vol. 31, pp. 751-773.

[47] Hogan, C. E., 1997, "Costs and Benefits of Audit Quality in the IPO Market: A Self-selection Analysis", The Accounting Review, Vol. 72, pp. 67-86.

[48] Hribar, P., and D. Craig Nichols, 2007, "The Use of Unsigned Earnings Quality Measures in Tests of Earnings Management", Journal of Accounting Research, Vol. 45, pp. 1017-1053.

[49] Johnstone, K. M., 2000, "Client-Acceptance Decisions: Simultaneous Effects of Client Business Risk, Audit Risk, Auditor Business Risk, and Risk Adaptation", Auditing: A Journal of Practice and Theory, Vol. 19, pp. 1-25.

[50] Khwaja, A. I., and A. Mian, 2005, "Do lenders Favor Politically Connected Firms? Rent Provision in an Emerging Financial Market", The Quarterly Journal of Economics, Vol. 120, pp. 1371-1411.

[51] Knack, S., and Keefer, P. 1997, "Does Social Capital Have an Economic Payoff? A Cross-country Investigation", The Quarterly Journal of Economics, Vol. 112, pp. 1251-1288.

[52] Kreps, D. M., and Wilson, R., 1982, "Reputation and Imperfect Information", Journal of Economic Theory, Vol. 27, pp. 253-279.

[53] Krueger, A. O., 1974, "The Political Economy of the Rent-seeking Society", The American Economic Review, Vol. 64, pp. 291-303.

[54] Larcker, D. F., and S. A. Richardson, 2004, "Fees Paid to Audit Firms, Accrual Choices, and Corporate Governance", Journal of Accounting Research, Vol. 42, pp. 625-658.

[55] Leuz, C., and Oberholzer-Gee, F., 2006, "Political Relationships, Global Financing, and Corporate Transparency: Evidence from Indonesia", Journal of Financial Economics, Vol. 81, pp. 411-439.

[56] Li, H., L. Meng, and J. Zhang, 2006, "Why Do Entrepreneurs Enter Politics? Evidence from China", Economic Inquiry, Vol. 44, pp. 559-578.

[57] Li, H., L. Meng, Q. Wang, and L. A. Zhou, 2008, "Political Connections, Financing and Firm Performance: Evidence from Chinese Private Firms", Jour-

nal of Development Economics, Vol. 87, pp. 283-299.

[58] Lin, Nan, and Bonnie Erickson, 2008, "Social Capital: An International Research Program", Oxford: Oxford University Press.

[59] Mayhew, B. W., Schatzberg, J. W., and Sevcik, G. R., 2004, "Examining the Role of Auditor Quality and Retained Ownership in IPO Markets: Experimental Evidence", Contemporary Accounting Research, Vol. 21, pp. 89-130.

[60] Menon, K., and D. D. Williams, 2004, "Former Audit Partners and Abnormal Accruals", The Accounting Review, Vol. 79, pp. 1095-1118.

[61] Menon, K., and Williams, D. D., 1991, "Auditor Credibility and Initial Public Offerings", The Accounting Review, Vol. 66, pp. 313-332.

[62] Minutti-meza, Miguel, 2014, "Issues in Examining the Effect of Auditor Litigation on Audit Fees", Journal of Accounting Research, Vol. 52, pp. 341-356.

[63] Morduch, J., and T. Sicular, 2000, "Politics, Growth, and Inequality in Rural China: Does it Pay to Join the Party?", Journal of Public Economics, Vol. 77, pp. 331-356.

[64] Murphy, K. M., Shleifer, A., and Vishny, R. W., 1993, "Why is Rent-seeking so Costly to Growth?", The American Economic Review, Vol. 83, pp. 409-414.

[65] Nahapiet, J., and Ghoshal, S., 1998, "Social Capital, Intellectual Capital, and the Organizational Advantage", Academy of Management Review, Vol. 23, pp. 242-266.

[66] Palmrose, Z. V., 1986, "Audit Fees and Auditor Size: Further Evidence", Journal of Accounting Research, Vol. 24, pp. 97-110.

[67] Pearson, T., and G. Trompeter, 1994, "Competition in the Market for Audit Services: The Effect of Supplier Concentration on Audit Fees", Contemporary Accounting Research, Vol. 11, pp. 115-135.

[68] Peng, W. Q., Wei, K. J., and Yang, Z., 2011, "Tunneling or Propping: Evidence from Connected Transactions in China", Journal of Corporate Finance, Vol. 17, pp. 306-325.

[69] Petroni, K. R., and I. Yanyan Wang, 2010, "CFOs and CEOs: Who Have the Most Influence on Earnings Management?", Journal of Financial Economics, Vol. 96, pp. 513-526.

［70］Porta, R. L., Lopez – De – Silane, F., Shleifer, A., and Vishny, R. W. 1996, "Trust in Large Organizations", National Bureau of Economic Research, No. w5864.

［71］Putnam, R. D., 1993, "The Prosperous Community: Social Capital and Public Life", The American Prospect, Vol. 13, pp. 1–11.

［72］Raghunandan, K., and D. V. Rama, 1999, "Auditor Resignations and the Market for Audit Services", Auditing: A Journal of Practice & Theory, Vol. 18, pp. 124–134.

［73］Rauterkus, S. Y., and Song, K., 2005, "Auditor's Reputation and Equity Offerings: The Case of Arthur Andersen", Financial Management, Vol. 34, pp. 121–135.

［74］Riyanto, Y. E., and Toolsema, L. A., 2008, "Tunneling and Propping: A Justification for Pyramidal Ownership", Journal of Banking & Finance, Vol. 32, pp. 2178–2187.

［75］Scharfstein, D. S., and Stein, J. C., 2000, "The Dark Side of Internal Capital Markets: Divisional Rent-seeking and Inefficient Investment", The Journal of Finance, Vol. 55, pp. 2537–2564.

［76］Sherman, A. E., and Titman, S., 2002, "Building the IPO Order Book: Underpricing and Participation Limits with Costly Information", Journal of Financial Economics, Vol. 65, pp. 3–29.

［77］Simunic, D. A., 1980, "The Pricing of Audit Services: Theory and Evidence", Journal of Accounting Research, Vol. 18, pp. 161–190.

［78］Simunic, D. A., 1984, "Auditing, Consulting, and Auditor Independence", Journal of Accounting Research, Vol. 22, pp. 679–702.

［79］Skinner, D. J., and S. Srinivasan, 2012, "Audit Quality and Auditor Reputation: Evidence from Japan", The Accounting Review, Vol. 87, pp. 1737–1765.

［80］Tajfel, H., 1969, "Cognitive Aspects of Prejudice", Journal of Sociology, Vol. 4, pp. 79–97.

［81］Tajfel, H., 1959, "Quantitative Judgment in Social Perception", British Journal of Psychology, Vol. 50, pp. 16–29.

［82］Teoh, S. H., and T. J. Wong, 1993, "Perceived Auditor Quality and the Earnings Response Coefficient", The Accounting Review, Vol. 68, pp. 346–366.

[83] Tsai, W., and Ghoshal, S., 1998, "Social Capital and Value Creation: The Role of Intrafirm Networks", Academy of Management Journal, Vol. 41, pp. 464-476.

[84] Tullock, G., 2005, "The Selected Works of Gordon Tullock: The Rent-Seeking Society", Indianapolis: Liberty Fund.

[85] Tullock, G., and G. Tullock, 1987, "The Politics of Bureaucracy", New York: University Press of America.

[86] Tuner, R. H., 1978, "The Role and the Person", American Journal of Sociology, Vol. 84, pp. 1-23.

[87] Venkataraman, R., J. P. Weber, and M. Willenborg, 2008, "Litigation Risk, Audit Quality, and Audit Fees: Evidence from Initial Public Offerings", The Accounting Review, Vol. 83, pp. 1315-1345.

[88] Wang, Q., T. J. Wong, and L. Xia, 2008, "State Ownership, the Institutional Environment, and Auditor Choice: Evidence from China", Journal of Accounting and Economics, Vol. 46, pp. 112-134.

[89] Weber, J., M. Willenborg, and J. Zhang, 2008, "Does Auditor Reputation Matter? The Case of KPMG Germany", Journal of Accounting Research, Vol. 46, pp. 941-972.

[90] Weber, J., and Willenborg, M., 2003, "Do Expert Informational Intermediaries Add Value? Evidence from Auditors in Microcap Initial Public Offerings", Journal of Accounting Research, Vol. 41, pp. 681-720.

[91] Willenborg, M., 1999, "Empirical Analysis of the Economic Demand for Auditing in the Initial Public Offerings Market", Journal of Accounting Research, Vol. 37, pp. 225-238.

[92] Yang, Z., 2013, "Do Political Connections Add Value to Audit Firms? Evidence from IPO Audits in China", Contemporary Accounting Research, Vol. 30, pp. 891-921.

[93] 宝贡敏、徐碧祥:《国外企业声誉理论研究述评》,《科研管理》,2007年第28卷第3期。

[94] 边燕杰、丘海雄:《企业的社会资本及其功效》,《中国社会科学》,2000年第2期。

[95] 边燕杰:《城市居民社会资本的来源及作用:网络观点与调查发现》,

《中国社会科学》，2004年第3期。

［96］曾颖叶、康涛：《股权结构、代理成本与外部审计需求》，《会计研究》，2005年第10期。

［97］陈德球、肖泽忠、董志勇：《家族控制权结构与银行信贷合约：寻租还是效率？》，《管理世界》，2013年第9期。

［98］陈辉发、蒋义宏、王芳：《发审委身份公开、会计师事务所声誉与IPO公司盈余质量》，《审计研究》，2012年第1期。

［99］陈健民、丘海雄：《社团、社会资本与政经发展》，《社会学研究》1999年第4期。

［100］陈韶君：《我国资本市场审计寻租及其治理对策研究》，《审计与经济研究》，2006年第21卷第6期。

［101］陈韶君：《中国资本市场审计寻租研究》，2008年，中国矿业大学博士学位论文。

［102］陈胜蓝、马慧：《会计师事务所行业专长、声誉与规模经济性的传递效应》，《审计研究》，2013年第6期。

［103］陈宋生、董旌瑞、潘爽：《审计监管抑制盈余管理了吗？》，《审计与经济研究》，2013年第3期。

［104］陈宋生：《"掏空"影响会计师的审计意见了吗？——〈大股东资金占用与审计师的监督〉一文述评》，《中国会计评论》，2006年第4卷第1期。

［105］陈运森、郑登津、李路：《民营企业发审委社会关系、IPO资格与上市后表现》，《会计研究》，2014年第2期。

［106］邓建平、曾勇：《政治关联能改善民营企业的经营绩效吗？》，《中国工业经济》，2009年第2期。

［107］翟立宏、付巍伟：《声誉理论研究最新进展》，《经济学动态》，2012年第1期。

［108］杜兴强、陈韫慧、杜颖洁：《寻租、政治联系与"真实"业绩——基于民营上市公司的经验证据》，《金融研究》，2010年第10期。

［109］杜兴强、赖少娟、杜颖洁：《"发审委"联系、潜规则与IPO市场的资源配置效率》，《金融研究》，2013年第3期。

［110］杜兴强、周泽将、杜颖洁：《政治联系、审计师选择的"地缘"偏好与审计意见——基于国有上市公司的经验证据》，《审计研究》，2011年第2期。

［111］范良聪、刘璐、张新超：《身份特征与第三方的偏倚：一个实验研

究》,《管理世界》, 2016 年第 4 期。

[112] 方红星、戴捷敏:《公司动机、审计师声誉和自愿性内部控制鉴证报告——基于 A 股公司 2008—2009 年年报的经验研究》,《会计研究》, 2012 年第 2 期。

[113] 冯均科:《审计契约制度的研究:基于审计委托人与审计人的一种分析》,《审计研究》, 2004 年第 1 期。

[114] 高燕:《所有权结构、终极控制人与盈余管理》,《审计研究》, 2008 年第 6 期。

[115] 高勇强、何晓斌、李路路:《民营企业家身份特征、经济条件与企业慈善捐赠》,《经济研究》, 2011 年第 12 期。

[116] 耿建新、郑聪、赵玮、冯惠江:《注册会计师审计收费地区差异研究》,《中国注册会计师》, 2009 年第 4 期。

[117] 顾元媛:《寻租行为与 R&D 补贴效率损失》,《经济科学》, 2011 年第 5 期。

[118] 管亚梅:《基于政府干预的审计市场分割与审计合谋治理审视》,《审计与经济研究》, 2012 年第 27 卷第 3 期。

[119] 桂林、陈宇峰、尹振东:《官员规模、公共品供给与社会收入差距:权力寻租的视角》,《经济研究》, 2012 年第 9 期。

[120] 郭道扬、吴联生:《论注册会计师审计质量保持机制——兼论我国注册会计师审计质量保持机制的改进》,《审计研究》, 2003 年第 5 期。

[121] 郭泓、赵震宇:《承销商声誉对 IPO 公司定价、初始和长期回报影响实证研究》,《管理世界》, 2006 年第 3 期。

[122] 韩洪灵、陈汉文:《公司治理机制与高质量外部审计需求——来自中国审计市场的经验证据》,《财贸经济》, 2008 年第 1 期。

[123] 韩晓宇、张兆国:《名人董事长会影响审计收费吗》,《会计研究》, 2021 年第 11 期。

[124] 贺建刚、孙铮、周友梅:《金字塔结构、审计质量和管理层讨论与分析——基于会计重述视角》,《审计研究》, 2013 年第 6 期。

[125] 胡旭阳:《民营企业家的政治身份与民营企业的融资便利——以浙江省民营百强企业为例》,《管理世界》, 2006 年第 5 期。

[126] 胡奕明、唐松莲:《独立董事与上市公司盈余信息质量》,《管理世界》, 2008 年第 9 期。

[127] 黄少安、赵建:《转轨失衡与经济的短期和长期增长:一个寻租模型》,《经济研究》,2009年第12期。

[128] 贾明、张喆:《高管的政治关联影响公司慈善行为吗?》,《管理世界》,2010年第4期。

[129] 金晓斌、吴淑琨、陈代云:《投资银行声誉、IPO质量分布与发行制度创新》,《经济学》,2006年第5卷第2期。

[130] 雷光勇、李书锋、王秀娟:《政治关联、审计师选择与公司价值》,《管理世界》,2009年第7期。

[131] 雷光勇:《审计合谋与财务报告舞弊:共生与治理》,《管理世界》,2004年第2期。

[132] 李常青、林文荣:《会计师事务所声誉与IPO折价关系的实证研究》,《厦门大学学报》,2004年第5期。

[133] 李国武、陈姝妤:《参照群体、身份特征与位置考虑》,《社会学评论》,2018年第6期。

[134] 李坤望、王永进:《契约执行效率与地区出口绩效差异——基于行业特征的经验分析》,《经济学》,2010年第9卷第3期。

[135] 李连军、薛云奎:《中国证券市场审计师声誉溢价与审计质量的经验研究》,《中国会计评论》,2007年第3期。

[136] 李路路:《社会资本与私营企业家——中国社会结构转型的特殊动力》,《社会学研究》,1995年第6期。

[137] 李敏才、刘峰:《社会资本、产权性质与上市资格——来自中小板IPO的实证证据》,《管理世界》,2012年第11期。

[138] 李明辉、张娟、刘笑霞:《会计师事务所合并与审计定价——基于2003—2009年十起合并案面板数据的研究》,《会计研究》,2012年第5期。

[139] 李明辉:《代理成本对审计师选择的影响——基于中国IPO公司的研究》,《经济科学》,2006年第3期。

[140] 李青原:《会计信息质量、审计监督与公司投资效率——来自我国上市公司的经验证据》,《审计研究》,2009年第4期。

[141] 李爽、吴溪:《签字注册会计师的自然轮换状态与强制轮换政策的初步影响》,《会计研究》,2006年第1期。

[142] 李万福、王宇、杜静、张怀:《监督者声誉提升机制的治理效应研究——来自签字审计师声誉提升的经验证据》,《经济学(季刊)》,2020年第

20 期。

［143］李文洲、冉茂盛、黄俊：《大股东掏空视角下的薪酬激励与盈余管理》，《管理科学》，2014 年第 12 卷第 6 期。

［144］李雪灵、张惺、刘钊、陈丹：《制度环境与寻租活动：源于世界银行数据的实证研究》，《中国工业经济》，2012 年第 11 期。

［145］李焰、王琳：《媒体监督、声誉共同体与投资者保护》，《管理世界》，2013 年第 11 期。

［146］梁莱歆、冯延超：《民营企业政治关联、雇员规模与薪酬成本》，《中国工业经济》，2010 年第 10 期。

［147］廖义刚、王艳艳：《大股东控制、政治联系与审计独立性——来自持续经营不确定性审计意见视角的经验证据》，《经济评论》，2008 年第 5 期。

［148］林永坚、王志强、李茂良：《高管变更与盈余管理——基于应计项目操控与真实活动操控的实证研究》，《南开管理评论》，2013 年第 16 卷第 1 期。

［149］刘斌、王杏芬、何莉、李嘉明：《自愿申报审计的需求动机、会计信息质量与经济后果——来自中国上市公司 2002—2006 年的经验证据》，《经济科学》，2008 年第 3 期。

［150］刘峰、林斌：《会计师事务所脱钩与政府选择：一种解释》，《会计研究》，2000 年第 2 期。

［151］刘国常、赵兴楣、杨小锋：《审计的契约安排与独立性的互动机制》，《会计研究》，2007 年第 9 期。

［152］刘慧龙、张敏、王亚平、吴联生：《政治关联、薪酬激励与员工配置效率》，《经济研究》，2010 年第 9 期。

［153］刘骏：《会计师事务所轮换制与审计独立性》，《审计研究》，2005 年第 6 期。

［154］刘启君：《寻租理论研究》，2005 年，华中科技大学博士学位论文。

［155］刘启亮、李祎、张建平：《媒体负面报道、诉讼风险与审计契约稳定性——基于外部治理视角的研究》，《管理世界》，2013 年第 11 期。

［156］刘启亮、罗乐、张雅曼、陈汉文：《高管集权、内部控制与会计信息质量》，《南开管理评论》，2013 年第 16 卷第 1 期。

［157］刘启亮：《不完全契约与盈余管理》，2006 年，厦门大学博士学位论文。

［158］刘笑霞、李明辉：《代理冲突、董事会质量与"污点"审计师变更》，

《会计研究》，2013年第11期。

[159] 龙小海、田存志、段万春：《委托代理：经营者行为、会计信息鉴证和投资者》，《经济研究》，2009年第9期。

[160] 卢燕平：《社会资本的来源及测量》，《求索》，2007年第5期。

[161] 卢燕平：《社会资本与我国经济和谐发展》，统计研究，2007年第10期。

[162] 陆正飞、张会丽：《所有权安排、寻租空间与现金分布——来自中国A股市场的经验证据》，《管理世界》，2010年第5期。

[163] 罗党论、唐清泉：《政治关系、社会资本与政策资源获取：来自中国民营上市公司的经验证据》，《世界经济》，2009年第7期。

[164] 罗党论、刘晓龙：《政治关系、进入壁垒与企业绩效——来自中国民营上市公司的经验证据》，《管理世界》，2009年第5期。

[165] 罗党论、唐清泉：《政治关系、社会资本与政策资源获取：来自中国民营上市公司的经验证据》，《世界经济》，2009年第7期。

[166] 罗进辉：《媒体报道的公司治理作用——双重代理成本视角》，《金融研究》，2012年第10期。

[167] 罗炜、饶品贵：《盈余质量、制度环境与投行变更》，《管理世界》，2010年第3期。

[168] 吕伟、林昭呈：《关联方交易、审计意见与外部监管》，《审计研究》，2007年第4期。

[169] 马磊、徐向艺：《两权分离度与公司治理绩效实证研究》，《中国工业经济》，2010年第12期。

[170] 马忠、陈登彪、张红艳：《公司特征差异、内部治理与盈余质量》，《会计研究》，2011年第3期。

[171] 潘红波、夏新平、余明桂：《政府干预、政治关联与地方国有企业并购》，《经济研究》，2008年第4期。

[172] 潘克勤：《公司治理、审计风险与审计定价——基于CCGINK的经验证据》，《南开管理评论》，2008年第1期。

[173] 潘克勤：《实际控制人政治身份、自律型治理与审计需求——基于IPO前民营化上市公司的经验证据》，《审计研究》，2010年第4期。

[174] 潘琰、辛清泉：《论审计合约与审计质量——基于不完全契约理论的现实思考》，《审计研究》，2003年第5期。

[175] 潘越、戴亦一、李财喜：《政治关联与财务困境公司的政府补助——来自中国 ST 公司的经验证据》，《南开管理评论》，2009 年第 12 卷第 5 期。

[176] 彭学兵、陈梦婕、刘玥伶：《不同身份特征组合的创业新手如何选择自举行为？一个基于 QCA 方法的研究》，《南开管理评论》，2009 年第 11 期。

[177] 秦荣生：《审计风险探源：信息不对称》，《审计研究》，2005 年第 5 期。

[178] 邱冬阳：《发行中介声誉、IPO 抑价及滞后效应——基于中小板市场的实证研究》，2010 年，重庆大学博士学位论文。

[179] 史宇鹏、周黎安：《地区放权与经济效率：以计划单列为例》，《经济研究》，2007 年第 1 期。

[180] 司茹：《政治关联与证券监管的执法效率》，《中央财经大学学报》，2013 年第 6 期。

[181] 苏力：《从契约理论到社会契约理论——一种国家学说的知识考古学》，《中国社会科学》，1996 年第 3 期。

[182] 孙亮、刘春、陈凡：《政府赋予型声誉有激励效应吗？》，《管理科学学报》，2022 年第 1 期。

[183] 孙早、刘坤：《政企联盟与地方竞争的困局》，《中国工业经济》，2012 年第 2 期。

[184] 孙铮、曹宇：《股权结构与审计需求》，《审计研究》，2004 年第 3 期。

[185] 谭劲松、简宇寅、陈颖：《政府干预与不良贷款——以某国有商业银行 1988~2005 年的数据为例》，《管理世界》，2012 年第 7 期。

[186] 唐雪松、周晓苏、马如静：《政府干预、GDP 增长与地方国企过度投资》，《金融研究》，2010 年第 8 期。

[187] 田利辉、张伟：《政治关联和我国股票发行抑价："政企不分"如何影响证券市场?》，《财经研究》，2014 年第 40 卷第 6 期。

[188] 托克维尔：《论美国的民主》，董果良译，北京：商务印书馆，1998 年。

[189] 王兵、辛清泉、杨德明：《审计师声誉影响股票定价吗——来自 IPO 定价市场化的证据》，《会计研究》，2009 年第 11 期。

[190] 王兵、辛清泉：《寻租动机与审计市场需求：基于民营 IPO 公司的证据》，《审计研究》，2009 年第 3 期。

[191] 王成方、刘慧龙:《国有股权与公司 IPO 中的审计师选择行为及动机》,《会计研究》,2014 年第 6 期。

[192] 王春超、周先波:《社会资本能影响农民工收入吗?——基于有序响应收入模型的估计和检验》,《管理世界》,2013 年第 9 期。

[193] 王帆、张龙平:《审计师声誉研究:述评与展望》,《会计研究》,2012 年第 11 期。

[194] 王凤荣、高飞:《政府干预、企业生命周期与并购绩效——基于我国地方国有上市公司的经验数据》,《金融研究》,2012 年第 12 期。

[195] 王善平:《中国独立审计的现实问题研究》,《审计研究》,2001 年第 2 期。

[196] 王艳艳、陈汉文、于李胜:《代理冲突与高质量审计需求——来自中国上市公司的经验数据》,《经济科学》,2006 年第 2 期。

[197] 王艳艳、陈汉文:《审计质量与会计信息透明度——来自中国上市公司的经验数据》,《会计研究》,2006 年第 4 期。

[198] 王艳艳、廖义刚:《所有权安排、利益输送与会计师事务所变更——来自我国上市公司由大所向小所变更的经验证据》,《审计研究》,2009 年第 1 期。

[199] 王永进、盛丹:《政治关联与企业的契约实施环境》,《经济学》,2012 年第 11 卷第 4 期。

[200] 王跃堂、陈世敏:《脱钩改制对审计独立性影响的实证研究》,《审计研究》,2001 年第 3 期。

[201] 文雯、张晓亮、刘芳:《CEO 境外居留权与企业社会责任——基于身份特征认同理论的实证研究》,《中南财经政法大学学报》,2021 年第 4 期。

[202] 吴德军:《代理问题对公司盈余质量的影响分析》,《管理世界》,2009 年第 8 期。

[203] 吴联生:《审计意见购买:行为特征与监管策略》,《经济研究》,2005 年第 7 期。

[204] 吴水澎、牟韶红:《自愿审计、公允价值对盈余管理的影响——基于 2006—2007 年上市公司中期报告的经验证据》,《财经研究》,2009 年第 35 卷第 3 期。

[205] 吴文锋、吴冲锋、芮萌:《中国上市公司高管的政府背景与税收优惠》,《管理世界》,2009 年第 3 期。

[206] 吴小勇、黄希庭、毕重增、苟娜：《身份及其相关研究进展》，《西南大学学报》（社会科学版），2008 年第 3 期。

[207] 伍利娜、王春飞、陆正飞：《企业集团审计师变更与审计意见购买》，《审计研究》，2013 年第 1 期。

[208] 伍中信、周红霞：《审计本质特征的理论解析》，《审计与经济研究》，2012 年第 27 卷第 6 期。

[209] 夏恩·桑德：《会计与控制理论》，大连：东北财经大学出版社，2000 年。

[210] 肖兴志、王伊攀：《政府补贴与企业社会资本投资决策——来自战略性新兴产业的经验证据》，《中国工业经济》，2014 年第 9 期。

[211] 谢盛纹：《法治水平、审计行业专业性与管理层代理成本——来自我国上市公司的经验证据》，《当代财经》，2011 年第 3 期。

[212] 谢盛纹：《最终控制人性质、审计行业专业性与控股股东代理成本——来自我国上市公司的经验证据》，《审计研究》，2011 年第 3 期。

[213] 徐浩萍、罗炜：《投资银行声誉机制有效性——执业质量与市场份额双重视角的研究》，《经济研究》，2007 年第 2 期。

[214] 徐业坤、钱先航、李维安：《政治不确定性、政治关联与民营企业投资——来自市委书记更替的证据》，《管理世界》，2013 年第 5 期。

[215] 许静静、吕长江：《家族企业高管性质与盈余质量——来自中国上市公司的证据》，《管理世界》，2011 年第 1 期。

[216] 许年行、江轩宇、伊志宏、袁清波：《政治关联影响投资者法律保护的执法效率吗?》，《经济学（季刊）》，2013 年第 2 期。

[217] 薛冬辉：《政治关联对中国民营企业融资能力影响研究》，2012 年，南开大学博士学位论文。

[218] 薛祖云、陈靖、陈汉文：《审计需求：传统解释与保险假说》，《审计研究》，2004 年第 5 期。

[219] 严成樑：《社会资本、创新与长期经济增长》，《经济研究》，2012 年第 11 期。

[220] 颜敏、李现宗、张永国：《会计寻租研究》，《会计研究》，2004 年第 2 期。

[221] 杨宏力：《不完全契约理论前沿进展》，《经济学动态》，2012 年第 1 期。

[222] 杨瑞龙、聂辉华：《不完全契约理论：一个综述》，《经济研究》，2006年第2期。

[223] 杨宇、沈坤荣：《社会资本、制度与经济增长——基于中国省级面板数据的实证研究》，《制度经济学研究》，2010年第2期。

[224] 叶丰滢：《审计市场结构、审计师行业专业化行为与审计价格竞争——来自我国A股行业细分审计市场的证据》，2007年，厦门大学博士学位论文。

[225] 叶静怡、薄诗雨、刘丛、周晔馨：《社会网络层次与农民工工资水平——基于身份定位模型的分析》，《经济评论》2012年第4期。

[226] 叶静怡、周晔馨：《社会资本转换与农民工收入——来自北京农民工调查的证据》，《管理世界》，2010年第22期。

[227] 易琮：《行业制度变迁的诱因与绩效——对中国注册会计师行业的实证考察》，2002年，暨南大学博士学位论文。

[228] 于李胜、王艳艳：《政府管制是否能够提高审计市场绩效？》，《管理世界》，2010年第8期。

[229] 于蔚、汪淼军、金祥荣：《政治关联和融资约束：信息效应与资源效应》，《经济研究》，2012年第9期。

[230] 余津津：《现代西方声誉理论述评》，《当代财经》，2003年第11期。

[231] 余明桂、潘红波：《政治关系、制度环境与民营企业银行贷款》，《管理世界》，2008年第8期。

[232] 张继勋、刘成立、杨明增：《资格准入与审计判断质量：一项实验研究》，《审计研究》，2006年第5期。

[233] 张娟、黄志忠、李明辉：《签字注册会计师强制轮换制度提高了审计质量吗？——基于中国上市公司的实证研究》，《审计研究》，2011年第5期。

[234] 张利红、刘国常：《股权分置改革、大股东"掏空"与审计治理效应》，《当代财经》，2013年第3期。

[235] 张敏、黄继承：《政治关联、多元化与企业风险——来自我国证券市场的经验证据》，《管理世界》，2009年第7期。

[236] 张敏、张胜、申慧慧、王成方：《政治关联与信贷资源配置效率——来自我国民营上市公司的经营证据》，《管理世界》，2010年第11期。

[237] 张奇峰：《政府管制提高会计师事务所声誉吗？——来自中国证券市场的经验证据》，《管理世界》，2005年第12期。

[238] 张雯、张胜、李百兴：《政治关联、企业并购特征与并购绩效》，《南开管理评论》，2013 年第 16 卷第 2 期。

[239] 赵纯祥：《审计师聘用中的敲竹杠行为研究》，《中国注册会计师》，2008 年第 8 期。

[240] 赵峰、马光明：《政治关联研究脉络述评与展望》，《经济评论》，2011 年第 3 期。

[241] 赵延东、风笑天：《社会资本、人力资本与下岗职工的再就业》，《上海社会科学院学术季刊》，2000 年第 2 期。

[242] 赵延东、洪岩璧：《社会资本与教育获得——网络资源与社会闭合的视角》，《社会学研究》，2012 年第 5 期。

[243] 赵志裕、温静、谭俭邦：《社会认同的基本心理历程——香港回归中国的研究范例》，《社会学研究》，2005 年第 5 期。

[244] 郑国坚、林东杰、张飞达：《大股东财务困境、掏空与公司治理的有效性——来自大股东财务数据的证据》，《管理世界》，2013 年第 5 期。

[245] 郑丽：《中国审计市场分割问题研究——政府对地方经济干预的案例分析》，2009 年，吉林大学博士学位论文。

[246] 中国注册会计师协会课题组：《自我管制、政府管制与独立管制——注册会计师行业管理模式比较研究》，《中国注册会计师》，2001 年第 2 期。

[247] 周黎安、陶婧：《政府规模、市场化与地区腐败问题研究》，《经济研究》，2009 年第 1 期。

[248] 周黎安：《中国地方官员的晋升锦标赛模式研究》，《经济研究》，2007 年第 7 期。

[249] 周云波：《寻租理论与我国体制转轨过程中的非法寻租问题》，《南开经济研究》，2004 年第 3 期。

[250] 周中胜、陈汉文：《大股东资金占用与外部审计监督》，《审计研究》，2006 年第 3 期。

[251] 朱凯、赵旭颖、孙红：《会计准则改革、信息准确度与价值相关性——基于中国会计准则改革的经验证据》，《管理世界》，2009 年第 4 期。

[252] 邹薇、钱雪松：《融资成本、寻租行为和企业内部资本配置》，《经济研究》，2005 年第 5 期。

[253] 邹宇春、敖丹：《自雇者与受雇者的社会资本差异研究》，《社会学研究》，2011 年第 5 期。

后 记

  本书以审计师个人层面的身份特征为主要关注点，研究了审计师身份特征的经济意义。而从本质上来讲，审计师身份特征是属于社会网络研究的一大分支。现有的研究表明，社会网络对经济活动的意义在于它的资源配置效应。它能够帮助企业获取更多的银行贷款，有助于企业及时获取相关的市场信息，提高企业的技术创新绩效，进而提升企业的风险承担水平。实际上，本书的结论证实，具有身份特征的审计师越能提高审计质量，也就越能获得更多的收费溢价，说明身份特征能够使独立性更强的审计师获得经济补偿。同时，它能够降低证券发行的溢价水平，更能以证券的真实价值配置资源。这反映出审计师身份特征的经济后果与社会网络研究结论具有一致性，但这也使得本书存在固有局限，难以跳出原有关于社会网络的研究框架和思维模式，这将是笔者在未来需要深入思考的问题之一。为此，笔者可以考虑场景差异、时间变化和制度变迁对结果的影响，考察在不同的条件下，两种假说是否有可能存在强弱差异、交替作用或者共同作用，而不仅仅是"非此即彼"的存在。比如，从制度变迁的影响来说，我国的资本市场证券发行审核制度经历了从行政主导的审批制（包括额度管理和指标管理两个阶段）和市场化方向的核准制（包括通道制和保荐制两个阶段），到现在的注册制阶段。政府对证券发行的管控力度由紧到松，由主导变为引导，这一变化将对审计师身份特征的作用后果产生影响。本书虽分阶段考察了身份特征的作用效果变化，但是并未对这几个阶段的差异进行比较分析，也未考察不同阶段作用效果差异的显著性。同时，也未针对每一个阶段进行理论分析，这些均有待后续进行扩展性研究。

  从现有逻辑框架来说，今后的研究还可以通过变换研究视角来进一步证实审计师身份特征的作用，以增强现有结论的说服力，进而充实本书主题下的研究内容。例如，观察同一个上市公司在更换审计师以后，由于不同的身份特征程度的变化对审计收费、审计质量等变量的变化情况。亦可以通过观察事务所在获取身份特征前后，在审计收费、审计质量、发行溢价等各方面的差异。此外，除考察以上一些维度的影响外，还可以窥视审计市场所受审计师身份特征的影响，针对这方面可考察事务所的市场份额变化、事务所市场占有率变化、客户依赖度变化等方面。